*Celso Sisto*

textos e pretextos sobre

# *A* ARTE *de* CONTAR HISTÓRIAS

aletria

4ª edição

{ *revista e ampliada* }

Belo Horizonte – 2024

Editora-chefe: Rosana de Mont'Alverne Neto
Coordenador editorial: Luiz Carlos Elói
Assistente editorial: André Xavier
Assistente executiva: Lara de Borba Lopes
Comunicação: Sílvia Amélia de Araújo
Estagiário acadêmico de edição: Murilo Vale Valente
Revisão: Guilherme Coelho
Seleção das ilustrações: João Camilo C. de Oliveira Torres
Projeto gráfico: Romero Ronconi

---

S623t Sisto, Celso
Textos e pretextos sobre a arte de contar histórias: revista e ampliada / Celso Sisto. – 4. ed. – Belo Horizonte: Aletria, 2024.
212 p.; 16 X 22,5 cm
ISBN 978-85-9526-193-8

1. Arte de contar histórias. I. Sisto, Celso. II. Título.

CDD: 398.2

---

Ficha catalográfica elaborada por Janaina Ramos – CRB-8/9166
Índice para catálogo sistemático: I. Arte de contar histórias

aletria

Praça Comendador Negrão de Lima, 30 D – Floresta
CEP 31015 310 – Belo Horizonte – MG | Brasil
Tel: +55 31 3296 7903

www.aletria.com.br

Para meus queridos amigos contadores de histórias
Ernesto Rodríguez Abad e Liliana Cinetto.

"O contador de histórias é aquele
que traz o coração nas mãos."

*Maria da Penha*

# Sumário

# Falso prefácio

Este livro foi publicado, pela primeira vez, em 2001, quando eu ainda era professor da Unoesc-Chapecó, em Santa Catarina. O mundo desde então mudou enormemente: surgiram muitos contadores de histórias pelo país afora e uma série de grupos; apareceram uma porção de seminários, encontros, simpósios específicos, cursos e até escolas para narradores orais e, consequentemente, promotores da leitura; até a Universidade que topou publicar este livro, naquela época, já mudou de nome, passando a chamar-se UNOCHAPECÓ. Mas o livro também foi mudando: trocou de editora e foi ampliado uma primeira vez; trocou de editora novamente e foi ampliado mais uma vez.

Todas as vezes que mexo no livro, sinto que ele vai ficando melhor, incorporando coisas que tinham ficado de fora da primeira edição. E também, aos poucos, o livro foi se definindo como uma espécie de manual para quem quer se aventurar na arte de contar histórias e não sabe por onde começar a estudar o assunto. O que teve início com uma reunião de artigos publicados esporadicamente, foi ganhando também um caráter teórico-prático, incorporando exercícios e dicas de atividades, sugestões de materiais para serem utilizados em aula e até roteiro de oficinas para serem coordenadas pelo professor.

Eu disse "professor", porque esse tem sido, quase sempre, o público das minhas oficinas. Foi com os professores que pude desenvolver, ao longo de mais de 20 anos, a metodologia de formação de novos contadores de histórias. Viajei o país quase todo ministrando oficinas, umas mais curtas, outras mais longas, para secretarias municipais e estaduais, instituições públicas e privadas. Contei histórias e realizei oficinas nos mais diversos espaços e para os mais variados públicos, dentro e fora do país, especialmente nas Ilhas Canárias e em algumas cidades da Espanha (Oviedo, Gijón, Barcelona, Santiago de Compostela, etc.), além de Portugal, Argentina, Bolívia, Porto Rico e Uruguai.

Quando comecei a realizar oficinas para formar novos contadores de histórias, no início dos anos 90, tudo era novidade. Vinha de uma formação em Letras e em Artes Cênicas, áreas que, juntas, me beneficiaram bastante e me qualificaram, de certo modo, para essa empreitada. Pequenos eram ainda o conhecimento e a experiência profissional das pessoas nesse campo. Posso dizer que nosso trabalho (meu e dos componentes do grupo Morandubetá de contadores de histórias, com os quais trabalho até hoje) foi pioneiro, pioneiríssimo nesse sentido, inclusive porque, depois, surgiram várias oficinas que claramente tinham se inspirado na nossa. Coisas que acontecem!



Tenho feito esse trabalho com diversos públicos. Desde formar contadores de histórias da terceira idade, até entre crianças; com jovens e até com universitários; com todo tipo de público. E contar histórias vai ter, basicamente, os mesmos princípios, seja o contador da idade que for. A maneira de apresentar o conteúdo, a duração dos exercícios, o tempo de absorção e vivência das experiências é que mudam. E a conquista dos resultados também é individual e intransferível.

Revendo esse livro, hoje, percebo como tê-lo organizado me ajudou a sedimentar uma prática e uma maneira de me aproximar dessa linguagem artística tão importante, principalmente agora, quando estamos cada vez mais interessados em formar leitores e promotores de leitura. O trabalho de formação de um contador de histórias deve ser, antes de tudo, um trabalho lúdico, que envolva o indivíduo de corpo e alma, da cabeça aos pés. Mais do que necessidades teóricas, no primeiro momento, é preciso ajudar as pessoas a abrirem os olhos e o coração. É a sensibilização para o ato de narrar e a importância que isso pode adquirir na vida de quem ouve uma história, mediadas pela qualidade de quem narra e pelo afeto empregado na tarefa, que figuram essenciais e aparecem como diferencial em nosso trabalho.

Se estamos, portanto, diante de uma relação entre quem promove a vivência (o professor) e quem vivencia (o aluno), estamos também imersos numa relação de ensino-aprendizagem. Para os tempos atuais, estamos diante da possibilidade de fazer do ato de narrar uma história, um exercício de inclusão, porque importante para toda e qualquer idade (atentando, claro, para as especificidades de cada fase de desenvolvimento do sujeito). Os alunos são diversos, como são diversas as pessoas com as quais nos relacionamos no mundo, dentro e fora da sala de aula. É possível, através desse trabalho, todo o tempo, estar dirigindo a atenção para como a literatura e a narrativa podem espelhar o mundo das diversidades que nos rodeiam. Contar histórias é o exercício de cidadania e a linguagem artística mais democrática que eu conheço: não exige um espaço fechado nem aparatos e tecnologia específicos. Basta um que conte e um que ouça. E pronto! O banquete será servido!

Se uma história, ainda que de forma velada e subliminar, ensina sempre, ela também ensina as questões étnicas e culturais, relevantes para qualquer indivíduo. E isso, nosso ofício de contadores pode e sabe executar bem. E nossas escolhas também devem ser criteriosas o suficiente, a ponto de ajudar a promover o respeito, principalmente, aos direitos humanos, ao meio-ambiente e às questões de gênero. Contar histórias é sempre um elemento integrador e socializador, que pode aproximar campo e cidade, meninos e meninas, adultos e crianças, ricos e pobres, gordos e magros, altos e baixos ou seja lá qual for o par opositivo que queiramos nomear.

Para contribuir com o processo de formação permanente e continuada do professor, nada melhor do que torná-lo um leitor e um contador de histórias. Estabelecido esse elo e este compromisso, de verdade e com consciência, ele nunca mais deixará de crescer e correr atrás de seu aperfeiçoamento. O processo pedagógico de toda e qualquer escola certamente estará enriquecido com a inclusão de atividades de contação de histórias, bem como propiciará a inserção do sujeito na realidade mais ampla do mundo. Das histórias para o mundo, do mundo para as histórias. Essa é a recíproca! Mas é preciso fazê-la ser verdadeira!

Não vou explicar aqui do que trata cada capítulo, porque basta uma leitura atenta do sumário para perceber que o livro está construído na perspectiva de um olhar que muda de foco, que assume distintos lugares, à cada parte. Proponho-me a olhar a arte de contar histórias, primeiro de um modo geral, para depois olhá-la como objeto de ensino e como ferramenta de uma educação integral, com necessidades de domínios técnicos e estéticos, mas também com uma vontade e uma vocação para o amor: pelas pessoas, pelo exercício de ensinar, pela história, pela literatura, pelo compromisso social inerente ao sujeito social que somos todos nós.

Portanto, isso que pode ser confundido com um texto pré-fácil, facilitador da leitura do livro, fica então com esse jeito de pré-facto, para explicitar de onde partimos e com que bagagem... Mas, onde poderemos chegar, só o leitor (ou o contador de histórias), de fato, poderá afiançar...

*Celso Sisto*

Cidreira, verão de 2012.

THEATRE

*introdução*

# Do triunfo das histórias[1]

Durante muito tempo, assistindo à brincadeira das crianças na hora do recreio, ouvia ecoar o bordão:

– Eu tenho a força!!!!!

E num gesto extremo de sacar uma espada invisível, as crianças se atracavam, tudo na base do faz de conta, é claro!

Depois, quando se cansavam daqueles gritos esgoelados, que bem poderiam ser trocados por "eu não aguento mais", elas danavam a fingir que abriam uma suculenta lata de espinafre – coisa que certamente jamais comeriam no almoço ou no jantar, vigiadas pelas mães – e imediatamente recobravam a força quase totalmente gasta na brincadeira anterior. E tudo se repetia: socos, pontapés, pescoções no ar, como quem finge dominar o inimigo.

E quando eu pensava que tudo estava por findar-se e que brevemente a calmaria tomaria conta daquele resto de tempo de brincar, elas, renascidas do esforço, desviavam o fluxo da minha previsão e caíam novamente numa insuspeitada demonstração da magia das palavras, ao gritarem "shazam" e recomeçarem no corre que corre.

Mas o que mais me intrigava era que, ao pronunciarem a palavra "força", "shazam", "alakazam", "um por todos e todos por um", elas realmente enchiam-se de energia para duelar com o mais

1 - Artigo publicado originalmente nos anais (CD-ROM) do *Simpósio Internacional Transdisciplinar de Leitura*. Rio de Janeiro: SESC Rio de Janeiro/PUCRJ/ Leia Brasil, 2000.

aguerrido dos combatentes. Provavam do poder das palavras, sem saber exatamente.

O que elas ignoravam é que, em vez de me fazerem desejar uma espécie de criptonita para diminuir, mesmo que temporariamente, aquela disposição para o "toma lá dá cá", fizeram nascer em mim a ideia de que, se um super-herói precisa ter uma história incrível para contar, essa história tinha que ser a deles, e não a de outros super-heróis.

No dia seguinte, lá estava eu naquilo que se convencionou chamar de recreio, que, não por acaso, me fazia lembrar a palavra receio. Num exótico exercício de aproximação – que alguém poderia supor mais parecido com um balé estrambólico –, eu me vi forçado a entrar na dança dos garotos, usando a mesma arma: o fingimento dos golpes de luta, que me poupou, pelo menos, o acaso de alguns inchaços! Quando propuseram que cada um inventasse uma palavra mágica na brincadeira de adquirir força, eu, surgido do nada, saquei um "era uma vez..." que gerou olhares desconfiados, mas como eu estava decidido a entrar na brincadeira, continuei cada vez mais alto: "Era uma vez, era uma vez..."



Talvez como uma senha, ou até mesmo como uma ordem – ao imaginário –, em pouquíssimo tempo as crianças estavam sentadas ao meu redor, com olhares cheios de esperança no que estaria por vir. E o silêncio enigmático me incitou a contar-lhes a história de Gabriel García Márquez, "A luz é como a água".[2]

Quando a narração terminou, veio o imenso jorro de confusão: todos querendo falar ao mesmo tempo; uns aprovando a aventura de Totó e Joel, outros questionando a demora dos bombeiros em forçarem a abertura da porta do quinto andar; alguns reprovando a incapacidade dos pais de perceberem em que mar de aventuras estavam lançando os filhos. A discussão se estendeu por vários dias, sempre com novas hipóteses geradoras de soluções surpreendentes:

2 - MÁRQUEZ, Gabriel García. Doze contos peregrinos. Rio de Janeiro: Record, 1993. p. 213-219.

— E se os pais tivessem voltado mais cedo do cinema?

— E se eles não coubessem no barco?

— E se o barco tivesse sido salvo por uma outra embarcação de socorro?!

Não demorou muito, e as histórias se multiplicaram. A cada dia repetíamos o ritual do "era uma vez", num verdadeiro recreio para a fantasia. Não precisou de muito mais para estarmos brincando de Sherazade, em que da história de um deveria nascer a história do outro, tudo para manter o interesse do rei Sharyar e poupar vidas para um futuro em que o imaginário pudesse ser a fonte inesgotável para criar seres humanos, e não escravos do consumismo de heróis enlatados.

E vieram as histórias de cavalaria, arrematadas com os cavalos de pau que passaram a pastar pelo pátio na hora do recreio. Cada um com seu rocinante em busca do Santo Graal. Se os cavaleiros do rei Arthur nunca o encontraram, os meninos da Escola da História Viva chegaram a encontrar muitos cálices sagrados. Estavam sagrando a mais antiga forma de convívio entre as pessoas, a de suscitar outras histórias e outras vitórias!

Quando os pais atônitos começaram a procurar a escola, querendo saber se os filhos estavam lendo aquelas histórias todas, tão antigas que nem eles mesmos se lembravam, foi o momento de capturá-los para o nosso grupo de histórias.

E foi um tal de pai pegando na biblioteca *O Gato de Botas*, *Pinóquio*, *Peter Pan*, *Alice no País das Maravilhas* para contar para o grupo, na próxima semana. E foi um tal de perguntar coisas da infância dos adultos e maravilhar-se com aquela criança que os pais já haviam sido. E foi um tal de ensinar brincadeiras de quando eles eram pequenos, de trazer os avós para contarem sobre castelos e reis e banquetes com os mais variados doces, como bem-casados, pastéis de Santa Clara, camafeus, bons-bocados, que fui obrigado a convidar a doceira Delícia, de Marina

3 - COLASANTI, Marina. A mão na massa. Rio de Janeiro: Salamandra, 1990.

Colasanti,[3] para participar do nosso banquete de palavras-históricas-cobertas-de-alfenins. A fruição conjunta das histórias revelava-se ritual e mistério. Os segredos daqueles que conheciam as histórias passavam a ser um bem comum.

Em pouco tempo, tínhamos provado da força da tradição de narrar. E os livros das histórias começaram a circular entre as mãos de alunos, pais, irmãos, professores e funcionários, com a mesma delícia que as doceiras enfeitam seus preciosos manjares. Tínhamos inventado um clube de leitura que ia muito além do preconceito de que só criança é que gosta de ouvir histórias. Nosso público era de todas as idades, de todos os gostos, de todos os sonhos. E éramos todos testemunhas do momento da criação, aprendendo a sintonia da escuta íntima.



Sabíamos que aquela experiência nos haveria de marcar para sempre. Eu, como um dos quatro a morandubetar[4] pelos quatro cantos do mundo, nós, como leitores de uma vida que pode nascer num livro e se espalhar para a imensidão dos dias. Tínhamos aprendido a mais que ouvir, estávamos familiarizados com os mais variados discursos e, melhor, éramos sujeitos da própria história.



Quando as crianças abandonaram os super-heróis que se estapeavam no recreio, descobriram que seus próprios nomes enunciavam os heróis que haveriam de suspender o tempo cronológico, criar proximidades, deixar-se levar pelas palavras embutidas de uma emoção que, certamente, não está descrita no papel, adquirir um sentido de unidade no tempo e uma existência no espaço. Aquele, como este, era um tempo de contar...

As palavras eram tão nossas familiares que, da escuta e da leitura, passamos ao exercício de inventar, não mais avós que eram engolidas por lobos, mas velhas novas histórias, tal qual a de Sonia Junqueira, engolindo risos com sua *A velha, o leão e a onça.*[5]

---

4 - Moranduba significa história, fábula, conto em tupi-guarani; morandubetar é usado aqui como ato de contar histórias pelo mundo afora.

5 - JUNQUEIRA, Sonia. A velha, o leão e a onça. Rio de Janeiro: Record, 1999.

Moral da história: contar histórias é a possibilidade, sim, de formar leitores, num verdadeiro ato de subsistência, não só do já inventado, mas do universo que as palavras transcriam para levitar.

No final das contas, na ânsia de virar uma página, não sei se isso tudo aconteceu de verdade comigo ou não! Mas o que é que isso importa? Que diferença faz se isso tudo aqui foi inventado? No mínimo, é só mais uma morandubal!

# Um olhar panorâmico

capítulo 1

# Contando a gente acredita[6]

Hoje não há mais a fogueira e o ritmo da noite, aconchegando ouvintes em torno dos acontecimentos guardados na memória do narrador tradicional.

Hoje não há mais a música do tear entrelaçando as histórias que se contavam como cânticos de trabalho. Também há a distância e o tempo empurrando os olhos para as imagens prontas e as palavras frouxas que não acendem a imaginação.

Com tudo isso, poder-se-ia dizer: contar histórias é uma arte sem lugar em pleno século XXI.

Mas, vamos experimentar convidar algumas pessoas. Sim, pessoas! Aquelas que ainda podem ouvir algo mais que suas próprias vozes e que são capazes de acolher palavras, no silêncio preenchido por uma pausa, um gesto, um olhar. Juntá-las em semicírculo e ficar bem perto delas – a distância necessária para que cada uma sinta-se única sem prescindir do grupo – e, então, deixar o olhar fitar o avesso e ir-se derramando, palavra por palavra, no córrego da emoção.

É esse o primeiro passo para acordar a imaginação.

Então, contar de reis e rainhas, príncipes e princesas, gnomos e duendes, meninos e meninas, animais falantes e coisas de outro mundo, e coisas desse mesmo mundo, só que contadas com jeito de quem viu ou viveu o que fala e repete a história com emoção renovada a cada vez. Sim, porque contar histórias depende muito também de quem ouve. As crianças se encantam com o possível e o impossível.

Os adultos se encantam em vislumbrar um caminho que lhes devolva o sonho.

6 - Artigo publicado no Palavra Imagem – Caderno de Informação e Arte, nº. 4 (Da arte de contar histórias) Belo Horizonte: Secretaria de Estado da Educação, 1996.

O que vale mais é sentir a liberdade de ser co-autor da história narrada e poder receber a experiência viva e criar, na imaginação, o cenário, as roupas, a cara dos personagens, o jeito de cada um, as cores – tudo que foi apenas sugerido pelo narrador.

E, com certeza, depois, vão ficar ecoando através do tempo aquelas histórias ou partes que são valiosas, belas e memoráveis. Vai dar vontade de conferir nos livros aquela história que fez nossos olhos enluarados piscarem num brilho renovador.

E o melhor é que o lugar para ouvir histórias vai depender também de quem conta. Pode ser na sala de aula – transformada em pátio de castelo –, pode ser na sala da casa – transformada em sala do trono –, pode ser embaixo de uma árvore – transformada na torre mais alta da fortaleza – e ainda numa praça, num campo, numa biblioteca, aproveitando para dar a cada lugar o desenho necessário para enriquecer a narração. Agora, se isso tudo despertar o sabor de um passeio com o qual se sonhou há muito, não perca tempo, brinque de **ser**!





O mais importante é que todos saiam satisfeitos, com a sensação de que a criação da beleza pode se dar em palavras, com a força de quem refaz o mundo no espírito, no mistério, no humor, na maravilha, e depois abre a porta para o insuspeitado.

A grande "dica" para ser um bom narrador de contos é ler muito; os livros, as placas, os gestos, as pessoas, a vida que vai em cada coisa. E não ter pressa: o contador de histórias tem que ter paixão pela palavra pronunciada e contar a história pelo prazer de dizer (que é muito diferente de ler uma história, que também é diferente de explicar uma história!). Mas igualmente intensa deve ser sua paixão pelo silêncio. E esse é o aprendizado mais difícil para o imediatismo que nos assola neste início de século! Só quando o silêncio interior se torna insuportável é que o contador está pronto para contar uma história. É preciso estar cheio desse silêncio para que contar a história seja absolutamente necessário.

Toda preparação de história produz um rumor silencioso que vai se amplificando até explodir na palavra. Esse é o processo de maturação de uma história, sem o qual não há **contação**!

Mas alto lá! Só se conta bem aquela história que a gente amou, estudou e contou para as paredes, o teto, o espelho, os filhos, até que ela brote dos lábios com veemência, convicção, detalhe e emoção.

O momento de escolher uma história para contar é muito importante. Critério indispensável é o que leva em conta a qualidade literária (o trabalho com a linguagem escrita) do texto que vai ser contado. Então, abrir espaço para o lúdico, para o humor, sem deixar de observar a força e a coerência dos personagens, atentar para a magia e a fantasia ou o real entremeando os diálogos fluidos e ricos. É sempre bem-vinda a sugestão poética perpassando o texto e tocando a sensibilidade do ouvinte!

Quem conta tem que estar disposto a criar uma cumplicidade entre história e ouvinte, oferecendo espaços para o ouvinte se envolver e recriar. Esses espaços de locomoção do ouvinte dentro de uma história podem ser construídos pelas pausas, silêncios, ações, gestos e expressões, de forma harmônica. O contador de histórias não pode ser nunca um repetidor mecânico do texto que escolheu contar. Como garantia de uma narração viva estão elementos como originalidade, surpresa, conflitos instigantes, questionamentos nas entrelinhas, a agilidade da contação e a expressividade.

Mas contar bem uma história é também saber evitar o didatismo e a lição de moral; os estereótipos da palavra e dos gestos; o maniqueísmo e os preconceitos; o óbvio, o modismo e o lugar comum. Em geral, na escola, a escolha de um texto para ser contado tem, quase sempre, o poder de determinar conteúdos a serem estudados. Mas, quando a história contada vem em função de instaurar um espaço lúdico, ela pode gerar um outro tipo de expectativa: não mais a da cobrança, mas a do encantamento. Uma história é feita, na cabeça do ouvinte, pela construção de expectativas, frustrações, reconhecimentos e identidades. Uma boa história sabe operar isso de maneira a adiar e prolongar o prazer para um outro tempo preciso e tirar da sua forma, da sua própria construção, um prazer ainda maior. E uma história estimulante pode apresentar toda sorte de construção. O que se oculta e vai sendo revelado aos poucos é próprio do jogo, também da linguagem.

É por isso que o contador de histórias é também aquele que descobriu que brincar com as palavras é prazeroso. Mas, se o público for misturado, vá com calma. Escolha histórias sem fronteiras, que é para encantar todo mundo. Depois, quem sabe, será preciso inventar novas histórias para desvirar o filho de sapo em príncipe, ou transformar a mãe na "fada que tinha ideias", a árvore da escola em escada para o céu. Depois, passe também o chapéu para outra cabeça, porque já se sabe que quem conta um conto, aumenta um ponto, uma vírgula, uma exclamação e uma boca aberta diante da possibilidade de se construir um mundo melhor – povoado de histórias.



E para ficar ecoando: quando optamos por contar histórias, optamos por uma série de resgates: recuperar nossa infância e as fogueiras invisíveis que sempre imaginamos, a magia ideal para acender uma história; reencontrar nossos folguedos, medos (por que não?), mitos e, assim, refazer nossa trajetória afetiva; redefinir nossa imagem social diante daquilo que nos tornamos; revisitar nossa noção de cidadania para redimensionar nossas crenças na palavra como gesto sonoro capaz de se propagar ao infinito e incitar mudanças; remexer nossa imaginação com cargas sempre maiores de liberdade; recompor o lugar de seres criadores que todos ocupamos no mundo. Tarefas nada simples. Ainda inconclusas, uma vez que seguimos sendo esboços de inúmeros desejos e projetos. E é pelo desejo de falar com o outro que levantamos a voz. E a matéria do nosso sonho – que a princípio pode parecer fugaz, já que o ato de narrar oralmente não se perpetua no tempo e no espaço – só encontrará eco se levar, num próximo passo, o ouvinte ao livro. Aí sim, ao refazer suas histórias de leitores, o contador de histórias ocupará, nessas biografias, um lugar especialmente resguardado pelo coração. E que toda essa fala aqui venha legendada pela urgência de novos contadores de histórias!

Agora o recado está inteiro!

## Dica do capítulo

Acreditamos que só podemos contar bem aquilo que nos marca e, principalmente, nos emociona. Por isso, estamos propondo uma sondagem do nosso universo leitor, baseado nos direitos imprescritíveis do leitor, inventados pelo escritor Daniel Pennac.[7] Faça então o seu levantamento pessoal:

1. *O direito de não ler:* procure se lembrar com que livros você exerceu esse direito.
2. *O direito de pular páginas:* quando isso aconteceu com você e por quê?
3. *O direito de não terminar um livro:* quais foram os livros que você nunca terminou de ler? Por quê?
4. *O direito de reler:* você já usou deste direito? Com que livros? Por quê?
5. *O direito de ler qualquer coisa:* temos falado em livros, mas que outras coisas você gosta de ler?
6. *O direito ao bovarismo (doença textualmente transmissível):* você já quis ser algum personagem de um livro que tenha lido? Qual? Por quê? Já se pegou falando, agindo, pensando como esse personagem?





7 - PENNAC, Daniel. Como um romance. Rio de Janeiro, Rocco. 1994.

7. *O direito de ler em qualquer lugar:* qual seu lugar preferido para ler? Há um tipo de leitura específica para espaços específicos? E que tipo de material você gosta de ler e em qual lugar?
8. *O direito de ler uma frase aqui e outra ali:* quando é que você usa ou usou a "economia da leitura": ler devagar para não acabar? Poesia deve ser lida assim, aos poucos? Por quê?
9. *O direito de ler em voz alta:* você já se pegou fazendo isso? Quando? Com que tipo de leitura?
10. *O direito de calar:* qual foi a obra que mais lhe afetou até hoje? Por quê? Ela ainda continua "trabalhando" dentro de você?

capítulo 2

# Contar histórias: da oficina à sinfonia[8]

Quando abrimos os olhos, a vida se coloca à nossa frente. Inevitavelmente, começamos a formar um repertório de histórias: a nossa história. Somos crianças e queremos o brinquedo, os bichos, outras crianças, o doce, a fantasia. Somos jovens e queremos a aventura, a ação, a prova, o desafio, o ato heroico, o primeiro amor, o riso. Somos adultos e queremos tudo. Somos velhos e queremos tudo de novo.

Existem muitas maneiras de se chegar ao mundo. Existem algumas maneiras de se conhecer o mundo. Mas não há como escapar: o mundo é uma grande história que se lê diariamente. De olhos abertos, podemos perceber que cada um faz parte desse grande livro. Às vezes nos colocamos na história como personagem principal, às vezes como aquele que se opõe ao herói ou aquele personagem nem tão principal, mas que está sempre ao lado do "mocinho" e é seu amigo inseparável. Ou, quem sabe, a princesa que, na aula de Matemática, fica sonhando com o príncipe que vai chegar qualquer dia desses para salvá-la das garras da rotina? Mas, por outro lado, o melhor mesmo é ser bicho solto com comportamento humano! Ou, quem sabe, apenas alguém que observa e vai dando sentido às coisas.

No exercício de juntar pedaços para construir o conhecimento do mundo, vamos também decifrando o mundo, lendo o mundo. Ler é dialogar? – É. Ler é duvidar? – É. Ler é entender o significado das coisas e, por isso, entender o outro? – É! Ler é se transformar por meio do sentido que a palavra produz? – É. Então ler um bom livro é sempre garantir a mudança: nós nunca seremos os mesmos depois de terminada a leitura. Terminada no papel e continuada na vida!

8 - Artigo publicado no Caderno de Leitura – Proler. v. 1. Rio de Janeiro: Proler, 1994.

Mas ler é também ir além da capa e do título. É ler as imagens, dentro e fora dos livros. Descobrir outra dimensão da palavra. Ler jornal, porque informa; ler quadrinhos, porque diverte; ler poesia, porque aponta o sentido do belo; ler placas, sinais, bulas de remédios, porque nos orientam; ler o filme, porque é bom mesmo e tem movimento, e tem cor e tem humor e romantismo e lugares desconhecidos e gente tão diferente!; ler o livro porque, além de tudo, pode-se voltar quando se quer, e ler de novo, e sublinhar aquela frase marcante, e discutir com os amigos, e carregar para todo lugar, e ficar pensando, aumentando, transferindo, criando junto.





E é exatamente do fascínio de ler que nasce o fascínio de contar. E contar histórias hoje significa salvar o mundo imaginário. Vivemos, em nosso tempo, o império das imagens, quase sempre gerais, reprodutoras e sem individualidade. Essa reprodução, desenfreada, operada por uma série de meios de comunicação, em muitos casos, impede o livre exercício da imaginação criadora. O espaço que sobra para o destinatário influir no produto é quase nenhum.

Quando se conta uma história, começa-se a abrir espaço para o pensamento mágico. A palavra, com seu poder de evocar imagens, vai instaurando uma ordem mágico-poética, que resulta do gesto sonoro e do gesto corporal, embalados por uma emissão emocional, capaz de levar o ouvinte a uma suspensão temporal. Não é mais o tempo cronológico que interessa e, sim, o tempo afetivo. É ele o elo da comunicação.

Contar histórias é um meio de comunicação ancestral. Isso nos obriga a pensar em Platão que, na sua "República", já se referia à importância de contar contos – primeiro, os contos, depois, a ginástica – para a educação ética das crianças gregas, sem contudo negar a função de entretenimento que esses mesmos contos podiam proporcionar. E isso nos obriga ainda a pensar em Aristóteles: ouvir uma boa história é também experimentar o efeito catártico. E podemos ainda pensar nos aedos, bardos, rapsodos, jograis, trovadores, saltimbancos, menestréis, bufões que, de diversas formas, contavam histórias e difundiam obras. E o que dizer de um dos livros mais antigos – a Bíblia – que fala também por intermédio de histórias? E como esquecer os contadores de histórias das sociedades tribais primitivas, em seus papéis de transmissores da história e do conhecimento acumulado por gerações, em crenças, mitos, costumes e valores preserváveis pela comunidade?

A prática de contar histórias desenvolveu-se muito do fim do século passado aos nossos dias. Hoje, como atividade artística, se beneficia de normas e técnicas. E, para não ficar reduzida à "hora do conto", em escolas e bibliotecas, exige do contador um aperfeiçoamento técnico, uma prática de leitor e um apuro crítico. E, para não haver confusão de linguagens, é preciso perceber que um contador de histórias contemporâneo difere de um contador popular, de um declamador e de um ator, ainda que sua prática se beneficie de elementos também utilizados por esses artistas. É necessário sublinhar as diferenças de naturezas do texto escrito e da narração oral: a do primeiro aponta para o consumo solitário, a do segundo para o consumo solidário. A transposição de um meio para outro vai determinar outras exigências; não mais a descrição, mas a síntese: não só a palavra, mas o gesto, as pausas, os silêncios, os movimentos corporais e as expressões faciais.

Mas o que se quer contar? Um conto, uma fábula, uma lenda, um mito, uma novela, um romance, uma saga, um apólogo, uma parábola, uma alegoria? Escolher nem sempre é uma tarefa fácil! São muitas as variantes que precisam ser controladas quando se escolhe uma história: o gosto pessoal, o público, o espaço da apresentação, o evento, etc. O exercício da escolha requer o exercício prévio de definição de critérios, metodologias e objetivos que vão orientar a própria escolha. Esse é um trabalho de pesquisa: ler muitas histórias, procurar, procurar, até que apareçam aquelas que nos digam coisas de uma forma toda especial!

O primeiro passo parece um mistério: sentir algo especial pelo conto, porque acreditamos que só poderemos contar bem uma história quando ela nos toca de forma especial, quando faz vibrar alguma coisa dentro de nós. É a paixão que vai permitir o trânsito e a circulação da história.

Por todas essas coisas, o trabalho de formação de um contador de histórias obedece a um certo ritual. O ritual do autoconhecimento, o ritual de observação do outro, o ritual de abrir o imaginário com a chave que cada um escolher, pelo exercício de contar uma história como se conta um fato da vida pessoal, com envolvimento, emoção, naturalidade, credibilidade.



Se o contador inicia o seu trabalho reconhecendo que tipo de histórias ele prefere e que relação se pode fazer entre essa preferência e sua personalidade, ele estará, de certa forma, reproduzindo as condições de uma Sherazade, que conta histórias para não morrer, e de um rei Sharyar, que ouve histórias para não matar. É a maneira mais contundente de defender o imaginário frente à violência desse início de século.



Como um colecionador, que conhece a fundo cada peça de sua coleção, o contador de histórias há de reconhecer cada parte da estrutura de uma história que ele conta. É a familiaridade, pelo estudo, com as partes do conto que vai permitir trabalhar uma história com coloridos diferentes para cada movimento. Uma história não é só introdução, desenvolvimento, clímax e conclusão. Uma história é forma e conteúdo. Mas é pelo reconhecimento da forma que se pode valorizar o conteúdo na hora de contar. Perceber uma história, como se percebe a batida do coração e os estímulos nervosos do cérebro, não é apenas decodificá-la, é recheá-la de vida e de humanidade. E a arte tenta, a todo momento, reencontrar essa fonte original!

Aprender uma história para contar é como construir um filme. Temos que visualizar mentalmente cada coisa que vai sendo contada, para sermos capazes de recontá-la de memória sem precisarmos decorá-la. Os gestos e as vozes devem ser selecionados e utilizados como continuadores da palavra, não como recursos estanques, enxertados na história para garantir o brilho. A palavra, por sua própria força, demanda gestos e expressões que surgem de forma orgânica, como continuidade, nunca como ruptura. Essa preparação é prévia e solitária. É a nossa edição do filme!

Um contador de histórias é também um agente de sua língua. Por isso, a correção, a clareza, a eliminação de vícios de linguagem e a preservação da literariedade do texto, mesmo numa fala cotidiana, devem fazer parte de suas preocupações.

É pensando na troca que se prepara uma sessão de narração de histórias. É pensando na duração do evento, nos tipos de contos e no local, que se percebe toda a dimensão do trabalho. Uma história tem que durar o tempo da liberdade do ouvinte de ser coautor da história narrada, recebendo a experiência viva e criando na imaginação o que foi apenas sugerido pelo narrador.

Quem conta uma história tem que dar a cada lugar o desenho necessário para enriquecer a narração. Quem conta uma história, conta duas, conta três e brinca com a alternância, e preocupa-se com o equilíbrio. E cria a condição favorável para que outros artistas convidados possam também contar, durante a sessão, histórias do seu jeito, de preferência usando outras linguagens: a música, a mímica, a dança, as artes plásticas. Tudo é bem-vindo quando desperta o sabor de um passeio com o qual se sonhou há muito, com o qual se restitui o tempo do jogo, do faz de conta!

Uma história, para o ouvinte, começa a nascer no impulso do olho. A força do olhar de quem conta vai saber logo, logo, se encontra eco na imaginação de quem ouve. Mas, quem conta é também quem aconchega, quem traz pra perto, quem respira junto e quem dialoga.

Antes da história, há o contador, sua imagem, sua empatia com o público, seu interesse em conhecer as experiências de leituras desse público a quem se dirige. Durante a história, há só a história, falando por si mesma. Nesse momento, espera-se que o público visado queira apenas o desfrute da fantasia.

Mas uma plateia também tem seus mistérios! Pequena ou grande, conhecendo ou não a essência da narração oral e da relação interpessoal que se estabelece num evento desse tipo, um grupo nunca é homogêneo e, por isso mesmo, tem interesses diferentes. Infantil, juvenil ou adulto, os interesses variam também de acordo com critérios que vão além da faixa etária. A familiaridade com a leitura e a maturidade como leitor são critérios essenciais.



Se o público for misturado, a saída é apostar na diversidade do repertório. O mais importante é que todos saiam satisfeitos, com a sensação de que a criação da beleza pode se dar em palavras, com a força de quem refaz o mundo no espírito, no mistério, no humor, na maravilha e, depois, abre a porta para o insuspeitado.



Com certeza, quem conta histórias tem clareza do que pretende atingir. Se o objetivo é apenas lúdico, se é discutir determinada ideia ou tema, se é despertar uma série de sentimentos e trazer informações, se é terapêutico, se pretende promover uma integração social e cultural – para cada um há procedimentos e encaminhamentos diferentes, embora se saiba que quem conta um conto aumenta um ponto, uma vírgula, uma exclamação e uma boca aberta diante da possibilidade de se construir um mundo melhor – povoado de histórias!

*Dica do capítulo*

Procure lembrar-se de um livro que tenha lhe marcado, mas que já esteja distante no tempo. Releia-o agora, neste momento da sua vida. Ainda é o mesmo livro? Por quê? O que mudou? O que se manteve inalterado?

*capítulo* 3

# Gente contante: apontamentos (sempre incompletos) de um contador de histórias[9]

## *A voz do passado e a voz do futuro*

Todo contador de histórias foi marcado, de alguma forma, pela literatura. Provavelmente, porque leram ou contaram histórias para ele na infância. Ou porque aprendeu a brincar com as palavras e aprendeu a "descascá-las", e vislumbrou a possibilidade de construir um outro mundo por meio da ficção.

Há quem tenha sido despertado pela ausência das histórias em uma fase de sua vida e quer "correr atrás do prejuízo". Há quem tenha frequentado a biblioteca do bairro, municipal ou escolar, e tenha se encantado com a infinidade de possibilidades que as histórias "escondem e revelam" do mundo, de si, para o mundo, para si mesmo.

Mas, por trás da história contada, está sempre o contador. Suas preferências, sua paixão pela palavra, sua voz querendo ganhar voz pela fala do outro. É um somatório!

A história tem que preencher em nós alguma coisa que provavelmente nos falta. É como se o contador nascesse a cada história que ele conta.

Contar histórias não é nunca uma opção ingênua. É uma maneira de olhar o mundo. E nossas escolhas nos revelam.

9 - Artigo publicado nos anais da *II Jornada de Educação Norte–Nordeste*. Curitiba: Futuro Congresso e Eventos, 2000.

Na peregrinação do contador de histórias por ele mesmo, quanto mais ele avança para investigar a raiz da história dentro dele, mais ele se depara com uma voz, que parecia oculta e perdida, mas que se avoluma, se ele der espaço. Pode ser a voz da professora, da mãe, da avó, de uma tia, do pai, do irmão mais velho. Há, quase sempre, a lembrança de uma voz narradora – é aí que reside a raiz da fantasia e é dela toda a culpa por nos ter inoculado a necessidade da ficção. O eco que ainda vibra vem caudaloso e forte quando tocado de novo!

Prefiro acreditar que essa voz do passado, perdida–achada dentro de nós, é que nos faz querer contar.



## Mapeamento



Há muito tempo venho percebendo que as histórias contadas são uma roda; e nada me fascina mais do que esse estar em movimento; esse giro que as histórias provocam – mas é exatamente porque giram que saem da gente. E não é lindo esse exercício do girar? Basta pensar num cata-vento, que faz as cores parecerem tão vivas, que tem movimento próprio, que é dono da velocidade de sair por aí colorindo as pessoas.

Quando conto uma história que eu amo, estou inteiro nela. Fico me imaginando andando de bicicleta e contando história para o vento ventar em todas as direções; e fico pensando que, quando eu passar de novo, em cima da bicicleta, nos mesmos lugares por onde passei, o vento vai ter mais um tantão de histórias para me contar.

Percebe-se claramente quando uma história que a gente está contando não entra só pelos olhos do público. A gente até chega a ver algumas pessoas na plateia, fechando os olhos de emoção, para mandar aquelas palavras direto para o coração – ou para algum lugar secreto dentro delas para ficarem armazenadas por muito tempo. Acredito nos baús que todo mundo tem dentro de si.

O ato de contar histórias é um ato de mobilização de uma série de "forças". Cada contador conta diferente do outro – a mesma história –, exatamente porque o texto literário é essa ação de forças entre o dito e o não-dito, que oferece, em suas brechas, maneiras "infinitas" de leituras.

O ouvinte de uma história é, ao mesmo tempo, espectador e leitor. E conjugar essas duas posições ao mesmo tempo requer traquejo.

Contar histórias não é uma tarefa fácil e estamos cada vez mais convencidos de que é preciso certa habilidade, exercício e preparo para controlar todos os mecanismos que entram em jogo a cada vez que se quer "comunicar" uma história a uma plateia.

É muito comum as pessoas acharem que sabem contar histórias – e nós não duvidamos disso –, mas daí a fazer com que esse "ato" se transforme numa obra de arte ou num exercício artístico é um salto muito grande.

Costumamos pensar que para lidar com uma obra artística – o texto literário – só cabe mesmo o fazer artístico; um tratamento artístico que leve em conta o aspecto formal, sob pena de estarmos fazendo da obra do outro um pastiche.

O contador é sua única (e própria) medida! "Por que escolho contar esse texto e não outro?" Algumas respostas são cabíveis e podem "descortinar" pistas:

- porque o estilo do autor me pega de cheio;
- porque o tema me interessa;
- porque é isso que eu quero dizer para as pessoas agora, e dessa forma;
- porque eu me identifico com o texto (o que é muito vago... me identifico com o quê no texto?);
- porque eu vivi algo parecido ao relatado no texto;

– porque eu gostaria de ter vivido isso;

– porque ela (a história) se passa num tempo que me fascina e atrai;

– porque tem um personagem que é a minha cara;

– porque essa história me apresenta uma resposta para quando eu estiver vivendo algo parecido (ou para algo que eu já vivi e não encontrei saída);

– porque é disso que as pessoas precisam ou querem ouvir nesse momento de suas vidas;

– porque... porque... porque.



Esses "porquês" são, de certo modo, infindáveis. Mas, de qualquer forma, precisam vir seguidos de um ponto de exclamação, que revele enfaticamente o nível de envolvimento da pessoa com a resposta dada. O que nos leva a reduzir tudo a uma única resposta:



– "Porque essa história me emociona, mexe comigo de alguma forma, me apaixona!!!"

Isto é o que nos interessa: a emoção despertada em nós pelo texto. E é preciso pensar, aqui – a despeito da nossa tradição cultural "popular" que rejeita tudo o que é triste ou mais reflexivo –, que emoção não é só aquilo que provoca lágrimas, que nos faz chorar, não! O riso é emoção.

O medo, o pavor, o pânico, a admiração, o encantamento, a reflexão... tudo isso são maneiras de emoção.

Num segundo momento, é preciso pensar o que eu vou fazer para despertar essa emoção no outro (ouvinte/leitor).

## Eles fizeram o caminho

As origens do contar histórias são muito antigas – tanto quanto o homem – e atravessaram os tempos. De qualquer forma, preservou-se a ideia básica de que quem conta é senhor absoluto dos recursos que utiliza para "vivificar" a história. Note-se que "vivificar" não é a mesma coisa que "vivenciar" e, muito menos, "vivenciar pela primeira vez", como pretende o teatro. A noção, para quem conta uma história, é quase ritualística, se pensarmos na evocação. O contador evoca algo que já aconteceu. E, ao evocar, está dialogando com uma galeria de personagens-contadores famosos: Sherazade, Homero, Jurupari, Dom Quixote, O Gato de Botas, Emília, Dona Benta, Dona Carochinha, Tia Nastácia, Trancoso, Pedro Malasartes e tantos outros. É na escritura invisível dessa história milenar que o contador de histórias "une o começo da vida ao seu fim".



## O tratado público: a apresentação

Quem está começando a contar histórias, certamente, vai se deparar com uma lista de problemas muito comuns:

- Autocrítica negativa – é de praxe professores que lidam com criança afirmarem que se sentem à vontade diante de sua plateia infantil, na sala de aula, mas que ficam nervosos diante de uma plateia adulta – o que esconde um certo receio que tem por trás o medo do ridículo; de questionamentos do tipo: "o que eles vão pensar de mim?" ou "eu não vou conseguir!".
- Tendência a considerar a plateia sempre infantil – comum em professores de crianças pequenas – como se histórias

fossem só para crianças, o que, muitas vezes, gera um uso abusivo dos diminutivos: "era uma vez um menininho medrosinho que morava numa casinha pequenininha que ficava enciminha da montainha..." e por aí vai! Ai, que chato! Isso não aproxima o contador de sua plateia, nem é garantia de que se estabeleça uma relação afetiva. Isso sem falar no processo falacioso de "apequenar" o mundo para aproximá-lo da criança, numa linguagem "tatibitáti".

- Tendência a considerar a história infantil uma "historinha", propagando assim a visão preconceituosa e reducionista de que a literatura infantil e a juvenil são gêneros menores.
- Contar a história da mesma forma, do início ao fim, tornando-a monótona e desinteressante. A plateia provavelmente dará sinais de cansaço e tédio.
- Mania de enxertar uma série de perguntas no decorrer da história – vício didático –, transformando-a numa "aula" e ajudando a perder e esvaziar seu aspecto lúdico. Isso também não gera uma interação criativa ou convidativa. Quando muito um jogo de perguntas e respostas previsíveis que só servem para ajudar o contador a ganhar tempo para ordenar e repassar a história na sua cabeça.
- Denunciar o erro apenas porque trocou uma palavra por outra – quase sempre a troca ocorre por sinônimos e não compromete em nada a história.
- Exacerbada preocupação com a reprodução de um texto, tal qual está registrado em sua forma escrita, o que pode gerar uma contação mecânica e sem colorido, se o texto não estiver devidamente assimilado, ensaiado e estudado. E só o tempo resolve isso! Contar não é só dizer um texto.
- Interromper a história, parar a narração, interrompendo o

fluxo narrativo; pedir desculpas ao público, tudo isso compromete a credibilidade do contador. No ato de contar, o contador tem que fazer a plateia acreditar que, se a história não aconteceu com ele (o caso de história narrada na 1ª. pessoa), ele foi, ao menos, testemunha (ocular) do fato, e isso é o que lhe confere propriedade para contar.

- No ato de contar, o contador é dono de tudo: da figura do narrador que ele assume, dos diálogos, das vozes dos personagens, das ambientações, dos ritmos, das pausas. E deve exercer essa "onipotência" da melhor forma possível, dando vida e colorindo o que for preciso para a história saltar dele e chegar até o outro.
- Ignorar a presença do público e agir como se ele não estivesse ali, parecendo contar para ninguém ou para si mesmo. Grande engano! Quase sempre isso se manifesta pela fixação do olhar em um ponto "perdido" na falta de coragem de encarar diretamente a plateia. E a plateia sente, percebe isso com a maior facilidade!
- Tropeçar nas palavras, gaguejar, não prestar atenção no que está falando; isso acontece quando o pensamento vai muito mais rápido que a fala e cria um abismo entre o sentir e o dizer.

Em última análise, contar histórias é assumir uma forma épica, uma vez que o contador escolhe, como "interlocutor único e privilegiado", o espectador. Mas o espectador não pode ser passivo, ele é constantemente convidado a construir, com quem conta, as imagens do que está sendo contado. Por isso, quem conta não pode entregar tudo "mastigado", nem texto, nem gesto, nem expressão alguma. Texto, gestos e expressões devem funcionar apenas como esboço, a fim de ser completado por esse espectador que queremos tão particular.

A história tem sempre que ser "maior" que o contador. Se ele julga que vai ser fácil contá-la, é melhor esquecer...

O contador moderno assume, então, duas posturas: a épica, em relação ao público, e a dramática, em relação à história que conta, quando faz vozes de personagens, gestos, movimentos.

Na verdade, o contador de histórias é, ele mesmo, um personagem que se confia a todos que querem ouvi-lo.

Ao preparar uma história para ser contada, o contador tenta, mesmo sem saber ou se dar conta, premeditar, antecipar o que vai acontecer com o ouvinte, tomando por base os efeitos que este ou aquele recurso provocam nele mesmo. O efeito provocado no ouvinte tem um pouco de previsibilidade e outro tanto de obscurecimento.

Se o contador estiver, ele mesmo, inteiro no que estiver fazendo e exercitar-se o suficiente para aprender a destravar sua emoção no momento adequado, ele pode até considerar-se um demiurgo (uma espécie de vidente). A mágica aqui é apenas a prática!!!





## As regras da verossimilhança: os elementos

A relação com o ouvinte já é visada na preparação da contação.

Cabe ao contador perceber se uma história é contável ou não – ou, pelo menos, se ela é contável do jeito que está registrada na sua forma escrita – e fazer os ajustes necessários sem adulterar a obra e o estilo do texto e do autor.

Claro que o ouvinte de uma história experimenta o prazer e a necessidade de voltar ao texto, buscar o livro, se a história tiver sido bem contada. Portanto, não podemos arriscar e desperdiçar essa imensa oportunidade de contar uma história sem que ela esteja minimamente pronta para seduzir o leitor-ouvinte.

Se levarmos em conta que o estilo da contação já está previsto no texto escrito, certamente não incorreremos no "erro" de criar um atrito entre o texto e a narração oral deste mesmo texto. Seria extremamente simplista acreditarmos que basta escolher um texto que a gente goste para garantir o sucesso da contação. É preciso examinar com cuidado os componentes da história para percebermos se eles permitem essa passagem – sem trauma ou descaracterização – da sua forma escrita para a forma oral. É preciso, ainda, atentar para o fato de que o trabalho de contar obriga um outro olhar sobre o texto.

Poderíamos ainda afirmar que o trabalho do ouvinte torna-se interativo – para aproveitar uma palavra da moda – na medida em que a forma de contar propõe uma decifração, mesmo que o ouvinte não se manifeste fisicamente, permanecendo "mudo".



## A voz

O contador de histórias deve encarar a voz como um prolongamento do corpo, como um membro a mais. Com a voz também se toca, se tateia, se abraça, se soca, se afaga, se acaricia, se...



## Os gestos

A arquitetura do corpo é hereditária, e todo o arsenal de gestos que usamos no nosso dia a dia é marcado cultural e socialmente. Nossos gestos resultam do aprendizado social e refletem a sociedade em que estamos inseridos, seus diferentes momentos históricos (cronologia) e sua experiência acumulada. Por outro lado, muitas vezes, limitam a nossa capacidade expressiva porque são controlados por uma série de fatores, como, por exemplo, a educação que recebemos, a necessidade de aceitação, a imposição de uma convenção social, etc. A expressão artística pode nos ajudar muito na superação dessas barreiras e na expansão desses limites.

De todo modo, quando o movimento do corpo resulta de um movimento da alma (e por que não chamá-lo de emoção?), o gesto é verdadeiro.

E o que o contador de histórias quer é provocar emoção nos seus ouvintes, por isso cria formas específicas para melhor atingi-los.

Quanto mais sairmos dos gestos corriqueiros, comuns e, muitas vezes, mecânicos e explorarmos gestos que sejam a nossa expressão pessoal daquilo que dizemos, mais instigante, artística e plástica será a contação.



## O olhar



O contador de histórias tem um olhar diagnóstico que é múltiplo:

1. olha para o público;
2. olha para dentro de si mesmo;
3. olha para as imagens mentais da história que está contando.

## A preparação

A etapa de ensaio de uma história no trabalho do contador não é apenas um exercício de repetição – muitas vezes, a preocupação do contador é apenas a de "decorar" o texto, deixando de perceber que o contar exige preparação em outras dimensões. Saber repetir o texto não é suficiente para contá-lo de forma orgânica e integral. Poderíamos sintetizar tudo assim:

## Para contar melhor

*1. Emoção:*

É o principal elemento para se contar bem uma história! Se a história que eu vou contar me apaixonou, certamente, ela vai sair de mim e chegar até o público. Não esquecer que emoção não é só traduzida pelo choro!

*2. Texto:*

É o conhecimento do texto que vai dar segurança. Então, é preciso ler e ler e ler. Sair da leitura superficial e fazer uma leitura na vertical, em profundidade. Reconhecer as partes formadoras do texto (introdução, desenvolvimento, clímax, desfecho). Perceber que um texto é feito de blocos. Dominar a sequência dos fatos. Construir, minimamente, um roteiro da história.

*3. Adequação:*

Não esquecer que uma história, para ser contada, precisa estar adequada ao público, ao espaço onde vai ser contada e ter uma linguagem acessível e que não descaracterize o estilo do texto.

*4. Corpo:*

Dividimos o estudo do gesto em três grandes possibilidades expressivas: ilustrativos, enfáticos e sintéticos.

- O gesto ilustrativo é o mais comum e o mais usado. Ele é descritivo e, por isso mesmo, de fácil e rápida decodificação. Esse tipo de gesto age em cima de conceitos (ideias) já coletivizados; foram criados por outros, mas são utilizados por muitos, embora sua "raiz autoral" esteja para sempre perdida. Aprendemos esses gestos por causa de seu uso generalizado. Seu convencionalismo é tão amplo que ele acaba adquirindo certa mecanicidade, cristalizando uma forma e originando um gesto clichê. Esse gesto visa concretizar o objeto ao qual se refere. Exprime mais a ideia objetiva que fazemos das coisas; se forma no nível das estruturas de significação mais diretamente ligadas à realidade objetiva (e coletiva), como, por exemplo, desenhar com as mãos ou com o corpo o formato de um objeto que está sendo verbalizado. Ou, ainda, dar forma a códigos amplamente difundidos e aceitos para expressar ideias gerais, como dormir, em que apoiamos a face sobre a palma da mão ou sobre as duas mãos juntas e estendidas. Devido à sua maior universalidade, o gesto ilustrativo faz surgir um jargão gestual que dá lugar a signos padronizados. Os gestos de tal conjunto tendem a se estruturar de forma esquemática, a tal ponto que a ideia pessoal do narrador deixa de ser percebida para dar lugar a gestos uniformizados, convencionais e, por isso, mais previsíveis.

- Os gestos enfáticos são gestos de força, gestos para reforçar o que estamos dizendo, para chamar atenção sobre aquilo que queremos destacar. São mais inconscientes e mais arbitrários, porque desprovidos de sentido, se dissociados da palavra proferida. Comumente, são gestos que exprimem o juízo que fazemos das coisas; são manifestações "inconscientes" da nossa emoção diante da grandeza, intensidade, amplitude de algo, como, por exemplo, o gesto de colocar as duas mãos com as palmas frente a frente, afastadas uma da outra no plano horizontal, para significar o grande tamanho de alguma coisa.

- Os gestos sintéticos são mais simbólicos, porque são mais metafóricos. Formam-se nas estruturas de significação mais seletivas e, por isso, passam a ser a expressão pessoal de algo que está sendo dito. Não são universais, não são de convenção da coletividade. Exprimem um valor pessoal, subjetivo, do narrador em relação àquilo que ele diz. São mais originais porque pessoais, como, por exemplo, alisar a perna para significar amor, em vez de colocar a mão em cima do coração, como faríamos se estivéssemos usando um gesto ilustrativo.

*5. Voz:*

A voz inclui elementos como o timbre, a altura, o ritmo, a intensidade. O contador de histórias deve encarar a voz como um prolongamento do corpo, como um membro a mais. Com a voz também se faz coisas que, a princípio, estariam na esfera do corpo: tatear, acariciar, afagar, socar, etc.

*6. Olhar:*

O cordão umbilical do contador de história que o liga à sua plateia! O contador de histórias tem que ter seus sentidos sempre duplicados: ele olha para si e para o público ao mesmo tempo. Ele sente a si e o público ao mesmo tempo. Ele olha para a história que está contando. Sem essa perspectiva, a contação de história não nasce!

*7. Espontaneidade/Naturalidade:*

Contar história não é empostar a voz como se estivéssemos declamando; também não é a mesma coisa que bater papo com um amigo na esquina, nem ficar com o corpo imóvel e duro como se fosse um dois de paus! É falar normalmente, com emoção e volume de quem fala para uma plateia! Muito da naturalidade vem da segurança com que o texto está sendo contado, segurança adquirida nos ensaios preparatórios. Quando o contador de histórias sabe o que vai dizer e sabe que está preparado para isso, a naturalidade surge naturalmente!

*8. Ritmo:*

Toda história tem uma sequência rítmica que começa a vigorar no momento em que o contador abre a boca. Cada parte da história exige uma "orquestração" diferente. Um ritmo que se usa para introduzir os elementos que serão desenvolvidos numa história não pode ser o mesmo utilizado quando a história vai se aproximando de seu ápice ou de seu momento de impasse. Portanto, o contador, ao estudar o texto para ser contado, tem que saber depreender a partitura rítmica de sua história.





*9. Clima:*

Nenhuma história tem o mesmo clima do início ao fim. O ritmo varia de acordo com o episódio (bloco) que está sendo narrado. A manipulação dos climas de uma história faz parte da perspicácia do contador de antecipar que efeitos ele quer atingir, naquele momento, em sua plateia, para que o prazer com a história seja cada vez maior.

*10. Memória:*

Não é simplesmente decorar o texto; é memorizar, saber guardar a sequência da história e fazer despertar em si toda a emoção no momento exato para cada passagem adquirir o máximo de expressividade. O contador não é obrigado a conhecer a emoção exata de tudo o que conta, para isso existe a possibilidade de transferência de emoções que, no teatro, chamamos de memória afetiva. É só ir buscar em suas vivências algum fato que guarde em si aquela emoção necessária para aquele momento da história e transferi-la para lá.

*11. Credibilidade:*

O contador tem que fazer a plateia acreditar naquilo que conta, por mais inverossímil que possa parecer. Se ele não viveu a história, pelo menos tem que fazer o ouvinte acreditar que ele viu a história acontecer na sua frente, que ele foi testemunha ocular.

*12. Pausas e silêncios:*

Cada pausa ou silêncio não é uma interrupção na história, sem nenhum propósito. É uma suspensão da fala com o objetivo de intensificar o efeito, de ampliar o impacto do que acabou de ser dito. É a instauração de um tempo para a plateia respirar ou pensar no que acabou de ouvir, tempo para a construção da imagem mental. Por isso é que dizemos, como no teatro, que toda e qualquer pausa numa história tem que ser uma pausa preenchida, cheia de significações, com uma emoção que fica pulsando no ar, mesmo no silêncio. Normalmente, uma pausa é mais breve. O silêncio tem uma duração maior.

*13. O elemento estético:*

O que falta aos novos contadores de histórias é um senso estético. Só de posse disso é que se torna possível transformar uma história num espetáculo. Essa noção do espetacular é que faz a diferença. Do contrário, a história estará sendo simplesmente dita ou declamada, e não contada!

Gostaria, por fim, de lembrar que nenhum texto contado substitui o texto escrito, já que ele é inesgotável. O que pretendemos, na verdade, é que o ouvinte, em algum momento da sua vida, volte a se encontrar com aquele texto, em sua forma escrita, e, quem sabe, recupere a emoção uma vez sentida, para ampliá-la!

## Mas, afinal, o que querem os contadores de histórias?

Formar leitores? Mostrar seu virtuosismo? Instaurar uma nova linguagem artística? Divulgar obras de qualidade literária? Todas estas são perguntas bastante pertinentes, cujas respostas vão, certamente, orientar toda uma prática. Será que não deveríamos começar por aqui?



**Dica do capítulo**

O quadro ao lado pode lhe ajudar. Quando você for escolher uma história para contar, pense nisso.

## História escolhida

Contador:

Título:

Autor:

Editora:

Público a que se destina:

Gênero:

Duração da história a ser contada:

Motivos da escolha:

## *capítulo* 4

# Contar histórias: o efêmero latejante[10]

É no mínimo estranho que num país como o Brasil, fértil em misturas culturais, as pessoas tenham dificuldade em entender o que fazem os contadores de histórias.

Se pinçarmos da nossa história a contribuição cultural, principalmente dos índios e negros, com certeza não será difícil lembrar que os índios se reuniam em um círculo ritual para socializarem suas histórias, crenças, tradições, suas descobertas e suas experiências cotidianas, compartilhando-as em narrativas.

Se formos buscar no passado negro – pelas duas vias: a dos grupos étnicos e sua participação na nossa formação cultural; e a da vergonha pela exploração escravagista –, vamos, fatalmente, dar de cara com toda uma rede de histórias, para preservar e para entreter. A história, como defesa de suas raízes, era uma maneira de não se entregar. A história, como elemento lúdico, por exemplo, era um artifício das escravas, das amas de leite, para tranquilizarem as crianças deixadas sob sua guarda. A história, como elemento sagrado, proferida pelo reconhecimento do valor das palavras, com força ritualística e congregadora, sempre foi "arma" dos negros e dos índios.

De qualquer forma, ninguém se lembra de ter visto algum índio ou algum negro lendo histórias para o seu público! E eles contavam histórias; não liam histórias... Portanto, o contador de histórias é aquele que conta histórias! Confusão comum é pensar que o contador de histórias é aquele que lê uma história diante de uma plateia!

O crescente interesse pelo trabalho dos contadores de histórias está estritamente ligado à disseminação de bibliotecas pelo país. Ou pelo

10 - Artigo publicado nos anais do 13º. *Seminário Nacional de Arte-Educação*. Montenegro (RS): FUNDARTE, 1999.

menos no reconhecimento de que a biblioteca não podia ser apenas depósito de livros. Ou pelo menos na compreensão de que contar histórias num espaço de promoção de leitura era algo eficaz para conquistar leitores. Com essa tarefa, o contar histórias, em disseminação pelos centros urbanos, ficou associado à ação da bibliotecária.

Com a fomentação e a urgência de uma política de leitura, em âmbito nacional – e isso há mais de 20 anos –, os contadores de histórias começaram a extrapolar o espaço da biblioteca, principalmente pela redescoberta de que contar histórias era algo que podia interessar a todo tipo de público: crianças, jovens e adultos. E as histórias contadas por contadores em vias de profissionalização começaram a ganhar os mais variados espaços: os auditórios, os teatros, os saguões dos centros culturais, os parques, os museus, os hospitais, as livrarias, e até voltaram para as salas de aulas, já com a consciência de que há uma técnica – não no sentido de única – e, consequentemente, um compromisso estético de quem conta histórias.





## Quem são os contadores de histórias

É claro que sempre houve quem contasse histórias! As professoras, sobretudo nas escolas de Educação Infantil, sempre contaram histórias! As avós sempre estiveram aí para provar que muito do encantamento da infância está ligado às sessões espontâneas de narração de histórias, bem ao pé do ouvido e nas noites de maior intimidade e revelações.

Mas o contador, informal e tradicional, levantou o corpo, pôs-se de pé, foi para o centro da audiência e começou a usar o corpo inteiro para contar; modulou a sua voz para criar toda espécie de clima necessário à melhor recepção da história; passou a preocupar-se com a dicção e a linguagem; aprendeu a sugerir com os gestos os elementos constituintes da ação, da construção de personagens e dos cenários; exercitou o controle da emoção e a sua necessária dosagem; entregou-se a plateias mais numerosas do que a familiar ou a da sala de aula; desafiou os aparatos da informação rápida e digestiva do final do século passado e início deste. Enfim, conquistou a noção técnica e o *status* de artista. Aprendeu a preparar-se para o ato de contar ensaiando e elaborando previamente sua performance. O que antes era só espontâneo, passou a ser melhor previsto, repetido, ensaiado, testado, até a aquisição da naturalidade e o maior domínio para a apresentação pública. A Hora do Conto virou Sessão de Contos!

## *O que contam os contadores de histórias?*





O contador dos tempos passados sempre contou histórias que sabia de memória – as "avós" têm um papel fundamental nessa iniciativa –, quase sempre associadas a casos, histórias quase que verídicas, de família ou cotidianas, histórias que ele aprendeu de "ouvido" e os tão importantes clássicos da literatura popular, os contos de fadas, as fábulas, as lendas. Surpresa mesmo foi quando os contadores começaram a contar as histórias que estão nos livros de hoje, de autores nossos contemporâneos, de autores até mesmo vivos. Novo dado era incorporado: as histórias que se contam oralmente poderiam ir além de textos da tradição oral e incidir em textos literários totalmente memorizados dos livros, inclusive textos de autores consagrados.

A maior diferença foi, exatamente, a de levar para a contação de histórias textos de autoria e estilos diversos em que predominasse o fazer literário, e não apenas uma boa história. Essa variedade obrigou, de certa forma, o contador de histórias a não ter exatamente um estilo *a priori*, mas a descobrir a melhor maneira de contar a história segundo o estilo do texto e adaptar-se a ele, sob pena de pasteurização das histórias que conta!

## *Como se preparam os contadores de história*

A transposição de um texto escrito para a forma oral requer algumas habilidades do contador de histórias. É preciso conhecer literatura, ter uma boa bagagem de leitura, reconhecer a construção literária como indício da forma de contar e tirar o maior proveito disso.

A preparação de uma história começa com a sua escolha que, certamente, deve ter algo de passional. Por que eu escolho contar essa história? Leitura nas entrelinhas é essencial para sair da superfície do texto e seguir em direção a uma leitura em profundidade. É preciso não esquecer que a leitura é o exercício do diálogo, que, se o texto "ganha" o contador, é porque, de alguma forma, ele abriu focos de diálogo dentro desse contador.





Para se contar bem uma história há, pelo menos, alguns pontos a serem observados: emoção, texto, adequação, corpo, voz, pausas e silêncios, olhar, espontaneidade e naturalidade, ritmo, clima, memória, credibilidade. Sem esses elementos essenciais, qualquer contação fica comprometida!

O contador de histórias é um veículo da língua viva. Não deve ser um policial da língua, mas um mantenedor da beleza da palavra bem dita; deve estar atento à correção de sua linguagem, principalmente porque ocupa um lugar de evidência, para onde convergem todos os olhares e ouvidos. Seu texto deve ainda estar adequado à história que conta: os erros de concordância, de flexões de gênero e número, de coerência textual só se justificam como artifício característico de um tipo de narrador ou personagem, previsto dentro da história. Não podem ser uma falha do contador! É preciso não esquecer que os vícios de linguagem chamam mais atenção – quando muito reincidentes – do que a história que está sendo contada!

Para quem ainda não tem muita prática, o mais indicado é começar contando histórias populares, em que o texto permite maior flexibilidade quando se domina o "esqueleto" da história, o roteiro da história. As histórias contadas na primeira pessoa são mais difíceis e envolvem, quase sempre, a construção de uma personagem, de um "eu" que conta. É um exercício que, de certa forma, aproxima-se do exercício do ator. Claro que com uma diferença de grau!

Algumas vezes, é preciso fazer recortes no texto, para torná-lo possível de ser contado, colocando-o numa extensão suportável para a plateia. Essa "montagem" do texto, visando sua apresentação oral, não pode ferir o entendimento do texto nem o estilo do autor.

O que mais costuma apavorar quem está começando neste ofício de contar histórias é a memorização do texto. Se o texto tem um autor e sua construção revela uma forma pessoal de escrita e uma "arquitetura" peculiar, a contação não pode ignorar isso. Decorar, muitas vezes, compromete a naturalidade da fala, mas é necessário, sobretudo nos textos mais poéticos. O texto decorado precisa de um tempo muito maior para ganhar naturalidade na boca do contador para sair dele de uma forma não mecânica.

O segredo da memorização é a construção de imagens, numa sequenciação que refaz toda a trajetória da história. É como criar uma espinha dorsal por meio de imagens mentais. É como se a boca do contador fosse um projetor que começasse a projetar em sua mente as imagens, quadro a quadro, das palavras que ele fala.

O improviso textual dos contadores tradicionais ou esporádicos e a não previsibilidade de suas atuações, no sentido do quando e no sentido do como, deram lugar ao ensaio, ao estudo e ao texto memorizado, com as palavras que estão no papel servindo de guia. E é ilusão pensar que o texto mais "frouxo" – no sentido de não reproduzir exatamente as palavras que estão no papel – não é um texto memorizado. À medida que se repete o texto "improvisado" nos ensaios ou mesmo nas apresentações, ele acaba virando texto memorizado!

Peça fundamental na contação de uma história é o olhar de quem conta. O olhar funciona como cordão umbilical, que mantém o vínculo do contador com o público e, portanto, não pode ser falseado! O olhar no olho das pessoas é trazê-las para dentro da história. Fingir que olha é afastá-las para o desinteresse e para o não envolvimento.

O contador de histórias deve preocupar-se em ter um repertório variado e estar investindo sempre na atualização de suas leituras, principalmente se quiser fazer do seu ofício um trabalho profissional.



## Como se organizam os contadores de histórias?



O mais comum, hoje, é que os contadores de histórias se organizem em grupos. E são muitos os grupos que já circulam por aí. Se há 10 anos os primeiros grupos se concentravam no Rio de Janeiro, São Paulo e Belo Horizonte, hoje há grupos profissionais espalhados por todo o país. No Rio de Janeiro, o grupo Morandubetá é um dos mais antigos e com um trabalho dos mais consistentes, que fatalmente acabou servindo de modelo para outros tantos grupos; seguido do grupo Confabulando, que trabalhava, quase que exclusivamente, com os contos populares. No interior do Rio, havia o grupo Historiarte (Macaé). Em São Paulo, os grupos Lua Nova (Mauá) e Maria Mexe Angu (São José dos Campos). Em Belo Horizonte, o grupo Escuta, sô! costumava participar dos festivais de contadores de histórias promovidos pela Biblioteca Pública Infantil e Juvenil e abocanhar vários prêmios. Em Uberaba, havia o grupo Fluistória. Em Gramado, no Rio Grande do Sul, começava a fazer nome o grupo Pé-de-História, com uma proposta de trabalho bem definida e com uma grande preocupação, não só com as histórias, mas com a construção do espetáculo como um todo, e que se apresentava regularmente no teatro do Centro de Cultura da cidade. Hoje, esse quadro mudou muito. Alguns grupos foram extintos, mas a lista ampliou-se enormemente e há inúmeros contadores e grupos fazendo trabalhos consistentes e de qualidade inegável, em praticamente todos os estados brasileiros. Destaques para o grupo *Tapetes Contadores de Histórias* (RJ) e para o grupo *Ayvu Rapyta* (PA).

Para quem está ouvindo, é sempre superbenéfico ouvir histórias em diferentes vozes, com maneiras diferentes de quem conta, com ritmos diferentes, com expressões gestuais de plasticidades diferentes, o que renova a atenção da plateia e mantém a dinâmica de uma apresentação. Por isso, é importante assistir aos grupos e às performances individuais.

Também já é grande a lista dos contadores que atuam sozinhos. Há vinte anos atrás, destacavam-se: José Mauro Brant (RJ), Bia Bedran (RJ), que utilizavam muito bem a música nas suas contações de histórias; Maurício Leite (MT) com a mala de leitura; Augusto Pessôa (RJ); Laerte Vargas (RJ); Regina Machado (SP); Fernando Lébeis (RJ), importante estudioso do nosso folclore, que levou para as suas contações toda a força das histórias mitológicas – principalmente as indígenas –, com a magia dos ritos iniciáticos e a potência dos contos primordiais; Roberto Carlos Ramos (MG), que tinha o seu forte nas histórias de assombração; Joaquim de Paula (RJ), que utilizava bonecos e uma sanfona que dava um clima todo especial a seus espetáculos. Hoje há muitos outros: Roberto de Freitas, Giba Pedroza, Zé Bocca, Cleo Busatto, Almir Mota, Rosana Mont'Alverne, Lenice Gomes, Alicce Oliveira, Beatriz Myrrha, Ilan Brenman, Gilka Girardello, Clara Haddad, Paulo Freire, Kelly Orasi, Ana Luísa Lacombe, Fabiano Morais, Karla Kristina Martins, etc. A lista é enorme e, claro, sujeita a muitas omissões, pelas quais, de antemão, se pede desculpa, sendo este um texto apenas panorâmico.

Fora do Brasil, havia o predomínio dos contadores individuais e poucos eram os grupos, embora, na Venezuela, houvesse um grupo bastante conhecido, chamado *En Cuentos y Encantos*, responsável pela formação de vários contadores no Brasil. Na Espanha, em La Rioja, havia o grupo *Colectivo Fábula y Birlibirloque*, que fazia espetáculos de rua, contando histórias com música e enormes bonecos, e que trabalhava também no caminho dos contos populares. Hoje, outros contadores adquiriram respeito e fama. E essa lista também multiplicou-se extraordinariamente.





Os contadores de outros países ainda costumam ficar impressionados com a atuação dos contadores brasileiros no que diz respeito à expressividade corporal. A contação dos estrangeiros é muito mais centrada no texto, na perfeita dicção, na densidade das palavras que são ditas do que no conjunto corpo–voz. Só para citar dois trabalhos que impressionaram bastante no passado, há um contador-ator-escritor em Paris, chamado Pépito Matéo, que utiliza uma linguagem bem próxima do *clown* e tem uma impressionante capacidade de lidar com o humor. Na Galícia, também há um magnífico contador-escritor chamado Xabier P. Docampo, que conta histórias de mistério como ninguém, utilizando objetos mínimos, com um magnetismo que é capaz de entreter uma plateia por horas a fio. Em Buenos Aires, a atuação das mulheres é bem marcante: Liliana Cinetto, Juana La Rosa, Ana Padovani, Elva Marinangeli. Na Inglaterra, há uma contadora africana chamada Inno Sorsy, que já esteve algumas vezes no Brasil e faz um maravilhoso trabalho com os contos populares, sobretudo os contos cumulativos. Os contadores estrangeiros também cresceram em número e em estilo. Impossível citar aqui toda a diversidade de trabalhos que compõem, hoje, a cena internacional.

Havia ainda, há mais de dez anos, uma série de festivais de contadores de histórias em vários países. Em Buenos Aires, ainda há o Encontro

Argentino e Latino-Americano de Narração Oral, como parte da Feira do Livro de Buenos Aires e havia o Festival Nacional de Narração Oral. O festival das Ilhas Canárias, em Tenerife, mais precisamente, no povoado de Los Silos – Festival Internacional do Conto –, é um dos mais antigos e costuma reunir contadores de várias partes do mundo, mobilizando uma grande parcela da população local. Lá também atuavam (e ainda atuam) ótimos contadores, como Ernesto Rodríguez Abad e Ruth Dorta.

Os festivais, encontros, cursos e escolas espalhados pelo país e pelo mundo também se multiplicaram. No Brasil, em especial, o Simpósio Internacional de Contadores de Histórias (SESC do Rio de Janeiro), o Boca do Céu (SESC de São Paulo), o seminário A Arte de Contar Histórias (Feira do Livro de Porto Alegre), o Seminário Internacional de Contadores de Histórias (Jornada Nacional de Literatura de Passo Fundo) e o Instituto Aletria (Belo Horizonte - MG) continuam atraindo um enorme público e reunindo os profissionais e os futuros profissionais da área.



## Uma estética própria dos contadores de histórias?

Está surgindo uma estética própria dos contadores de histórias. E isso tudo é relativamente muito novo! Daí a dificuldade de quem nunca viu um contador de histórias em ação de entender o que ele faz.

Quem conta histórias, conta história e não faz teatro! A confusão com a linguagem teatral costuma ser grande! O fato de o contador de histórias usar a emoção para proferir o seu texto, expressar-se corporalmente, trabalhar intenções, climas, ritmos e até marcações cênicas não transforma o que ele faz em encenação. É claro que todos esses elementos são elementos dramáticos, mas não são suficientes para caracterizar o trabalho do contador como um trabalho de encenação. O que acontece, com frequência, é ter-se trechos de uma contação dramatizados, vivenciados como se a história que o contador está contando acontecesse naquele exato momento. Mas o contador sabe que isso tudo já aconteceu e o fato de dramatizar determinadas partes é apenas um recurso para tornar a história mais viva. Esse recurso tem que ser dosado no decorrer da história, para que ela não vire encenação. Se a história for o tempo todo dramatização, ela é teatro, e não contação!!!!

Quando a história é contada na primeira pessoa, pode assemelhar-se ao monólogo de um ator. Mas cabe ao contador ser também a "voz" de tudo o que aparece na história, todos os outros personagens que menciona, todos os elementos que compõem aquela narrativa.



Não existe *contracenação* para o contador de histórias. Quem funciona como um segundo ator é a plateia, a relação frontal e o olho no olho que o contador estabelece com o seu público. Não há uma quarta parede, como no teatro realista! O contador não ignora a plateia, como o ator do teatro realista, que "finge" existir uma parede frente à sua ação e diálogo. Mesmo na contação em primeira pessoa, o contador não age como se ele estivesse sozinho, falando para ele mesmo ou para o seu duplo, como muitas vezes acontece num monólogo de teatro.



O mais usado pelos contadores é o fato de cada contador contar, sozinho, uma história do início ao fim. Quando dois ou mais contadores contam juntos uma única história, não há divisão de personagens ou de vozes de personagens. O contador conta tudo o que lhe cabe naquele trecho. Se houver divisão de personagens, se cada um fizer a voz de um personagem, estaremos no território da encenação, utilizando a principal característica do teatro, que é a *contracenação*!

O tempo predominante na contação de histórias é o tempo evocativo. O que o contador conta já aconteceu e, ao contar a história, o narrador evoca o já ocorrido. Traz à tona toda aquela emoção do já acontecido, mas não vive de novo toda aquela história como se ela estivesse acontecendo pela primeira vez. O tempo do teatro realista é sempre o do presente, a coisa acontece ali e agora.

*A priori*, o personagem do teatro, ao viver no presente sua história, não tem domínio de todas as suas partes, não sabe onde a história vai dar (quem sabe é o ator, e não o personagem!), como ela vai terminar. O contador sabe de tudo, sabe exatamente como sua história começa, como se desenvolve e como termina, porque ele já "viveu" aquilo tudo ou "viu" aquilo tudo!

Outra característica importante do contador de histórias é a de testemunha ocular dos fatos. Quando se conta uma história na terceira pessoa, o contador funciona como quem viu aquela história acontecer na sua frente e, por isso, está autorizado a contá-la e a conta com propriedade. Essa "impressão" vai passar para a plateia uma certa confiança naquilo que o contador conta e vai caracterizar a credibilidade, que é múltipla: credibilidade do contador no que ele conta e credibilidade da plateia naquilo que ouve.

Por fim, para sublinharmos ainda mais a diferença do contar histórias e do teatro, não podemos esquecer que o contador narra a sua história, com todas as marcas do discurso narrativo, e o ator vive a sua história com todas as ações possíveis.

## *Uma escola de formação de contadores de histórias e um currículo mínimo para os contadores de histórias?*

São muitas as oficinas, hoje espalhadas pelo país, que se propõem a ensinar pessoas a contarem histórias. A Casa da Leitura, no Rio de Janeiro, colocou no mercado profissional uma série de contadores de histórias formados em suas oficinas. O projeto "Leia Brasil", da Petrobrás, também realizou uma série de oficinas de contadores de histórias nas cidades e nos estados em que teve atuação e nos quais havia a circulação de suas bibliotecas volantes. O Programa Nacional de Incentivo à Leitura (PROLER), da Fundação Biblioteca Nacional, também sempre ofereceu oficinas de contadores de histórias em seus seminários de leitura. Os integrantes do grupo Morandubetá de contadores de histórias continuam realizando uma série de oficinas, para diversas instituições, em diversas partes do país, como grupo ou individualmente.

Não podemos esquecer que essas oficinas, que têm a duração variável entre 4 horas/aula e 24 horas/aula, são, em sua maioria, apenas sensibilizadoras. Elas são importante iniciativa para que se faça contato com os elementos e as técnicas da arte de contar histórias, mas insuficientes para formar contadores de histórias. Ninguém sai de uma oficina dessas como contador de histórias! O trajeto é longo e está diretamente ligado ao interesse e à vontade de quem quer tornar-se um contador de histórias. É preciso muito exercício, muito trabalho, muito estudo e muito ensaio! É claro que esse trajeto é dependente das habilidades individuais de cada um, da frequente utilização, exercício e desenvolvimento dessas mesmas habilidades. Geralmente, o iniciante costuma ser atropelado pela pressa de sair contando ou quando descamba para a comparação com outros contadores de histórias que já atuam há muito tempo. Cada contador de história pode desenvolver seu próprio estilo, mas nem todos iniciam esse trajeto no mesmo patamar!

A procura maior por esse tipo de trabalho tem sido, sobretudo, de bibliotecários, de recreadores, de professores da Educação Infantil, de professores de língua portuguesa e de alguns poucos atores e alunos das escolas de formação de professores. À medida que o mercado vem se abrindo para essa linguagem, começa a ocorrer uma procura mais acirrada dos atores por esse novo ofício. Mas os atores, ao contrário do que se espera, costumam ter muita dificuldade de lidar com os elementos da contação de história. Principalmente por dois motivos: não estarão investidos da figura de um personagem (com figurinos e tudo o mais) e não se apoiarão na *contracenação*, na troca de "bola" com outros personagens.

Arriscaríamos dizer que está havendo um verdadeiro *boom* de contadores de histórias, mas, infelizmente, formados de maneira apressada! Uma oficina é só o começo, sempre limitada por sua carga horária, pela irrevogável ação do tempo para amadurecer uma história e aperfeiçoar o aparato técnico, mas que já indica a necessidade de continuidade no trabalho.

A primeira oficina de contadores de histórias é quase sempre uma apresentação da linguagem e uma exposição de algumas das técnicas que o contador utiliza. A continuidade exige aprofundamento e atenções separadas para cada um dos itens, como corpo, voz, estudo das histórias, teoria literária, montagem de repertórios, exercícios práticos para ensaios, etc.

Devido ao crescente aumento da demanda pelo trabalho dos contadores de histórias, faz-se urgente que surja uma escola para formação desses contadores de histórias, como aconteceu com a arte dramática que, hoje, possui escolas de formação em nível superior e um currículo mínimo para o desenvolvimento de seus alunos.

Um currículo mínimo, que abranja História da Literatura, História das Literaturas Infantil e Juvenil, Teoria Literária, Crítica Literária, Expressão Corporal, Técnicas de Relaxamento, Técnicas Vocais, Formação de Repertório, entre outros, seria bastante eficaz para o contador de histórias. Mas não poderia abrir mão de fazer de seus alunos leitores, sobretudo, leitores críticos!!!



## *Uma arte nova?*

Estão sendo incorporados à prática do contar, os mais variados elementos. Tem sido comum a contação de histórias com instrumentos musicais, com bonecos, com objetos e acessórios, com figurinos e caracterizações e até com projeções de imagens. O maior risco é deixar de contar histórias e passar para a encenação de histórias, o que é, com certeza, uma outra linguagem artística.

É claro – e até previsível – que os contadores de histórias vão incorporando, ao exercício do contar histórias, outros elementos que fazem parte do seu domínio artístico e que, primeiramente, pertençam a outras linguagens artísticas.

Arriscaríamos dizer que a arte de contar histórias pode congregar elementos de diversas outras artes, mas tem que se manter no domínio da narração para não virar outra coisa, principalmente teatro.

Os contadores também começam a abrir o seu campo de trabalho. Já estão aparecendo livros de contos nas versões escritas de alguns grupos de contadores; começam a aparecer no mercado CDs e DVDs de contadores de histórias. Mas é ainda incipiente a bibliografia sobre o assunto no Brasil. Algumas pesquisas no âmbito da Universidade, por outro lado, começam a aparecer em trabalhos de conclusão de graduação (muitos na área da Pedagogia e de Letras) e de pós-graduação.

Uma história bem contada deixa marcas profundas em seus ouvintes. A história não termina de se expandir quando sua narração se encerra. Ela fica lá, volteando pelos meandros do ser humano, fazendo contato com outras histórias pessoais, revelando coisas adormecidas, levantando outras experiências similares, até se depositar no fundo e se misturar com tantas outras que já ocupam um espaço no interior de cada um. Com certeza, essas marcas de leituras vão aparecendo nas manifestações artísticas dos contadores de histórias, principalmente, porque contar histórias acaba sendo uma experiência cumulativa e uma arte com um largo campo de mobilidade.

## Dica do capítulo

O ponto de partida de grande parte dos contadores de histórias no Brasil de hoje tem sido os contos populares. Para sabermos bem em que caminho vamos nos aventurar, é importante ler, principalmente, a introdução que Câmara Cascudo escreveu para seu livro *Contos tradicionais do Brasil*. Observe, inclusive, o que ele considera conto popular, como ele classifica esses contos e como está registrado por escrito esse grande legado universal. Fica aqui a indicação: CASCUDO, Luís da Câmara. *Contos tradicionais do Brasil*. São Paulo, Global, 2001.

capítulo 5

# O *boom* dos contadores de histórias[11]

De repente, os homens atravessaram o tempo, por túneis, pirâmides, caravanas, mares e espelhos. E trouxeram histórias nas linhas das mãos. De todas as partes veio sempre alguém com uma história na boca, saindo pelos olhos, derramando-se pelo corpo, inventando cenários: um acampamento, uma varanda, um átrio de igreja, uma aldeia, uma vila, uma taba, uma casa de avó, uma sala de aula. Dos pequenos núcleos familiares ou populacionais às salas das bibliotecas e teatros, o contador de histórias manteve-se na ordem do dia. Alguns o quiseram esquecido, outros acreditaram na força solidária de quem junta pessoas para encantar pela palavra. Mais do que agregar, o contador de histórias tornou-se obrigatório na promoção da leitura e no resgate do lúdico e da fantasia!

Em vez de ter virado fumaça no tempo, o contador de histórias se multiplicou. Hoje, assistimos ao nascimento de muitos grupos – uma novidade para um ofício que foi quase sempre individual. Do ofício à oficina, muitas instituições têm investido na formação de contadores de histórias como garantia de permanência e de transformação da cidadania. O fogo aceso para aquecer as salas de leituras se alastrou e ganhou a praça, o teatro, a televisão, as rádios, os clubes, as feiras de livros, os centros culturais. A atividade que parecia ser destinada a professores e bibliotecários conquistou outros adeptos: atores, mímicos, músicos, estudiosos da literatura (oral ou não), poetas, escritores, avós, donas de casas, recreadores e até curiosos!

Com todo esse *frisson*, veio também a necessidade de atentar para a qualidade do que se tem chamado de "Hora do Conto" ou "Sessão de Contos" – qualidade de quem conta e do que se conta. Num olhar

11 - Artigo publicado no Jornal Vertente. Rio de Janeiro, nov. 1996.

de relance, pode-se perceber alguns atos prematuros, desde a escolha das histórias até o tempo de preparação. Num olhar mais minucioso, pode-se descobrir que contar histórias não é uma tarefa fácil. É preciso técnica, muita técnica, decorrente da experiência, para não fazer da história narrada outra coisa diferente do que se propõe. As regras não são fixas, mas a transparência dos recursos utilizados faz-nos descobrir que é preciso ensaiar muito; que não se pode abrir mão da qualidade literária dos textos contados; que contar uma história é diferente de dizer ou explicar uma história; que a voz e o corpo precisam contar juntos; que o repertório de um grupo não é garantia de sucesso para outro grupo; que a pesquisa e o conhecimento da literatura fazem a diferença; que a maturidade como leitor crítico é indispensável.

Ler o mundo por meio da contação de histórias implica também opção estética, linguagem artística coerente e bem definida, sem a qual o ato de contar histórias não adquire o *status* de Arte. Fica sendo apenas um apanhado de histórias sem um fio condutor que as organize na forma de espetáculo.

Nesse momento, em que parece haver um verdadeiro *boom* da arte de contar histórias, e já que *boom* nos lembra bomba, talvez o tempo possa refluir ao contrário, fazendo explodir não uma Hiroshima atômica, mas um mundo repovoado de histórias, como caminho para a paz de quem se reconheceu cidadão. A bem da verdade, parece que, agora, no início do século XXI, a arte de contar histórias está revigorada.

Dica do capítulo

As avós e as mães contadoras de histórias quase nunca fizeram isso profissionalmente. Mesmo contando histórias no espaço familiar, elas já usavam tudo o que os contadores modernos e contemporâneos consideram fundamental para que alguém conte bem uma história. Procure conversar com uma avó ou uma mãe contadora de histórias para saber o que ela conta, como ela conta, etc. Se for possível, leve-a para conversar com o grupo todo...

# 2 Um olhar pedagógico

capítulo 6

# Literatura das infâncias[12]

Sempre há em nós a possibilidade da renúncia. Primeiro renunciamos à solidão. Depois à ação do tempo, depois à impermeabilidade. E pronto! Estamos frente a frente com o livro. Poderia ser um livro qualquer. Mas, é claro, não é! É um livro também para crianças! Notem que é **também** e não só **para**. Todas as coincidências são insuficientes para nos convencermos de que o livro que temos nas mãos é obra do acaso! Os motivos levam à crença de que lemos também para termos memória. Para nos enredarmos na História. E adquirimos todos os direitos de fazermos o caminho do verso e do reverso, principal ou com atalhos. Mas vamos sendo lidos pelo livro: isso é inevitável!

Nesse inventário das palavras, vão sobrando margens. Vão beirando a página nossas tantas histórias. E é sempre no final da linha que o olho encontra esse outro tempo. Tempo que flui ao contrário. Que vai pegando nossa idade e diminuindo, diminuindo até nos colocar de frente, no tamanho exato de cada um. Sim, porque precisamos estar de um certo tamanho para ler *Alice no País das Maravilhas*, de outro para ler *Meu pé de laranja lima*, de outro para *O Pequeno Príncipe*, e de tantos outros para tantos outros. É essa condição elástica de voltar e tornar a voltar, de mudar e mudar de lugar, de ver, ora daqui ora dali, que confere à literatura "dita" infantil uma atemporalidade, uma ancestralidade, uma universalidade que dispensa o rótulo de "isso é livro pra criança!". E tenho visto muita gente grande se surpreender com livro de criança!

Mas, em contrapartida, há quem leia livro desse tipo porque o livro é pequeno, porque tem poucas páginas, porque a leitura é rápida.

12 - Artigo publicado no Jornal Culturarte. Petrópolis (RJ), nov. 1995.

São até comuns as justificativas do tipo "é o que o meu tempo me permite ler". Ficou também instituído que só professores que lidam com crianças é que leem esse tipo de livro. Ou os especialistas da área. Ou os críticos. Quem se aproxima do livro, tendo como objetivo apenas o cumprimento de prerrogativas profissionais, na certa afasta da leitura o seu maior aspecto – o lúdico!

É inegável que a literatura também para crianças já avançou de tal forma, com a geração pós-Lobato, que não cabe mais a propagação de obras de cunho especificamente pedagógico-moralizante. Mas, ainda assim, o mercado editorial coloca nas livrarias livros desse tipo. Os divulgadores das editoras empurram às escolas – em sistema de venda direta – livros desse tipo. Os pais, menos atentos e mais culpados pela falta de atenção, transferem à atividade de leitura de seus filhos a função de ensinamento dos valores perenes do mundo, quase sempre de forma maniqueísta, dogmática e inconteste. Esse material, que muitas vezes é deformador do gosto, é também autoritário, porque estabelece com o leitor uma relação desigual, ao impor uma visão de mundo carregada de pré-conceitos, e de cima para baixo. Alguns livros fazem isso de forma declarada; outros de forma subliminar! E fica óbvio que esses textos que assumem o papel de "veículos de uma educação moral" contribuem para o uso adjetivado do termo "literatura infantil" – uma literatura destinada a esses que necessitam de modelos estáticos!

Ainda na esteira do preconceito: basta um livro ter ilustrações para ser logo tachado de livro infantil, para ser recusado por adolescentes e adultos com a mais firme crença de que esses são livros para crianças, coisa que já deixaram de ser há muito! São diversos os fatores que impedem que os livros da infância sejam também leitura de outro tipo de público; por exemplo, a banalização da língua, com uma proliferação de diminutivos e imagens que se limitam a reproduzir visualmente o que o texto já diz em palavras – sem estabelecer com o texto escrito uma possibilidade de diálogo, aberta e multiplicadora de sentidos!

Há ainda a desculpa de que livro para criança é sempre fantasioso e alienante. Mas fantasioso deveria ser compreendido como o lugar da imaginação criadora, sempre intimamente ligado à arte! O fato de se ceder espaço à fantasia não torna um livro menos ou mais real. O que separa a realidade da fantasia é uma malha muito fina! E onde uma começa e a outra acaba, nem se fala! Ainda mais que ambas só têm transparência na linguagem.

Foi-se o tempo em que o livro infantil era cor-de-rosa! Na contemporaneidade, alguns grandes escritores ousaram trazer para esse universo uma outra linguagem, uma outra forma, uma outra temática que abalou o *status* de literatura "infantil". Preferimos pensar que a literatura, como arte da linguagem, não pode abrir mão dos elementos formais e estéticos. Essa literatura – que se quer só literatura – para toda e qualquer idade! Os elementos que fazem um livro poder ser lido por uma criança não podem nem devem afastá-lo do público adulto e, assim, propiciar a criação de uma série de rótulos literários.

Uma vez tocados pelo condão dos mitos, das lendas, das fábulas, dos contos de fadas e contos populares é impossível não voltar ao livro das infâncias. E temos, todos, muitas infâncias, a cronológica inclusive! E precisamos preencher o espaço poético dessa lacuna que nos separa – adultos – da infância, reaprendendo a olhar, porque, com o tempo, vamos perdendo a nitidez dos detalhes, nossas leituras de infância vão ficando como filme velado, fantasmas só com contorno e sem definição, até esquecermos de como é ser menino! Precisamos acreditar que somos, todos, um pouco Peter Pan. Voltamos a essas leituras para vivenciar o prazer de não crescer, tendo crescido!

## Dica do capítulo

Para nos aventurarmos no território da literatura infantil e juvenil, é de extrema valia resgatarmos algumas informações. Pode servir de mapeamento do nosso "eu leitor" o seguinte levantamento:

1. Livros preferidos de LIJ*.
2. Autores preferidos de LIJ.
3. Ilustradores que admira (por quê?).
4. Clássicos da LIJ que já leu (cite 5, pelo menos).
5. Qual autor você mais conhece a obra? (cite-as).
6. Cite 5 grandes livros de LIJ (por quê?).

Para organizar as ideias e essas respostas, você pode preparar um texto criativo, em que as informações sobre sua bagagem de leitura e conhecimentos da área estejam contemplados, dando a seu texto um formato de diário, carta, notícia de jornal, poema, etc.

* LIJ: Literatura Infantil e Juvenil.

capítulo 7

# Histórias... muitas histórias

*A barata diz que tem*
*muita história pra contar*
*é mentira da barata,*
*ela quer é me enganar...*

Isso é o que se canta nessa cantiga popular. Mas se a barata tem muita história para contar, imagine nós!?

O homem já nasce, praticamente, contando história. Está inserido numa história que o antecede e que, com certeza, irá sucedê-lo.

A vida se organiza como uma história, tem um fio condutor, uma linha temporal e evolutiva.

As relações dos fatos quase sempre obedecem ao princípio de causa e efeito.

Pronto! Temos aí elementos suficientes para organizar a narrativa de uma vida: um contexto, o conhecimento praticamente inerente de que podemos relatar as coisas que nos acontecem; uma noção da ordem, da sequência, do encadeamento dos fatos numa linha contínua e ininterrupta que faz o estágio inicial ser distinto do estágio final, porque sempre sujeito às mudanças, próprias de um percurso: fato é soma!

Depois, a construção de um saber mais apurado, que nos leva à aquisição da consciência de que também podemos relatar o que acontece aos outros, segundo nossa ótica e segundo outros olhos também.

Essa condição de **ser portador de uma história** toda pessoa tem!

Essa noção de **sujeito-narrador** é própria de quem aprendeu a pensar a sua história!

Mas o que se vive não é, exatamente, o que se conta!

Então, como contar? O que contar? Para quem contar? Por que contar?

Acredito que foi este o mistério que nos reuniu: o mistério que faz hoje as pessoas quererem contar e ouvir histórias!

## *O como*

Numa sala quase que apertada, 60 pares de olhos "sedentos" se entreolhavam.

Nessa sala, onde mal cabia a nossa curiosidade, gestos afoitos, mãos nervosas, pensamentos suspensos pela expectativa do que está para acontecer. Aliás, acontecer e tecer são palavras que guardam alguma semelhança, desconfio.

Começamos a tecer a nossa convivência com o ritual de dar as mãos, como as palavras que se entrelaçam para compor a trama de um tecido textual! Feita a rede de fios e pavios, escolhemos a palavra como insígnia, a palavra que repercute, que nos revela.

Com o sentido de revelação colocado à frente, as histórias deixam de ser simples pretextos e desculpas para serem todo o texto-razão.

**Eu tenho uma razão para contar!** E ela fala na minha voz, ganha forma no meu corpo! Indica-me o que vem da emoção e o que deixa de vir por desidentificação, mastigação, distanciamento, despreparação, obrigação!

**Vendo o outro contar, é fácil detectar:** vícios, indícios, suplícios, artifícios de língua e de ofício!

Contando, é bom reafirmar, aprender a dosar, ter a linha de chegada e um oceano para atravessar, sabendo nadar!

Que difícil a arte de se propagar!

## E a arte de dialogar?

*Com a criança fica assim:*

Criança não é diminuta, não quer essa conduta de apequenar o mundo e enchê-lo do doce que escorre do mínimo tamanho das coisas! Criança aprende, mesmo fora da escola, mesmo em qualquer hora, sem que a mensagem – do professor, sempre a preocupação do decompor – vire cartilha em forma de história para ensinar bons costumes e ideias de aprovação em eterna preocupação!!! Para fazer perguntas de verificação. E a literatura, cadê? Virou bula-cabula!

*Com todos os outros é assim:*

História é coisa para criança! É objeto da infância!



*Para não esquecer que o tempo de nascer é sempre o agora, história a toda hora! História para quem quiser!*



## O quê

Para fazer face ao império das imagens prontas e acabadas, lança-se a palavra palpável e, potencialmente, plena de significados e de sugestões.

A palavra torna-se história para encantar mais e mais.

É Chapeuzinho ainda Vermelho, é Três Porquinhos Com Tempo Pra Brincar, é Patinho Muito Feio Antes do Cisne Chegar. Todas as vozes juntas, desenrolando o novelo.

Até que alguém se lembra de perguntar:

"Conto o que me contaram ou conto o que me encontra?"

E a história termina e vem o depois. É para desenhar? É para cantar? É para recontar? É para criar? É para responder o que se quer perguntar? E não pode ser só para calar e perdurar o que é de se encantar?!!

> *Contar ultrapassa a necessidade de qualquer explicação quando a escolha é justa e sob medida!*





## O para quem

Conto para mim também e conto em voz alta, para que a história faça falta.

Conto para saber que ouvir é dom de querer.

Conto para todo o mundo!

Conto para promover o encontro do leitor e da leitura.

Criador e criatura!

## O porquê

Contar história é dialogar em várias direções: na da Arte, na do outro, na nossa!

Os objetivos podem mudar – é recrear, é informar, é transformar, é curar, é apaziguar, é integrar –, podem se alternar, mas nunca acabar com o prazer de escutar! De participar! De criar junto!

Mas, se há uma receita para o mistério do contar, que essa seja a mais perfeita e que venha já em forma de história, com introdução, desenvolvimento, clímax e desfecho – como uma inscrição de "vide bula".

## A bula

*Indicações:*

A lei da oferta virou ameaça: "ou você tem isso ou não tem nada!" Ou você consome o que oferecem, ou se aliena! Em nome de uma democrática briga para formar e informar, as diferenças vão desaparecendo e o padrão se estabelecendo. É tudo mais ou menos igual com cara de diferente! Para não incorrer no risco, use a história como libertadora dos padrões vigentes, recuperadora das diferenças, valorizadora do regionalismo, instauradora do lugar do sonho, promotora da autoria imaginativa, conquistadora do indivíduo ouvinte num mundo hiperfalante, abolidora do tempo.

## Composição

- *Introdução:* para começar, ler o texto com atenção;
- *Desenvolvimento:* contar muitas histórias – histórias em profusão, ensaio sem abrir mão;
- *Clímax:* formação de um repertório de histórias – histórias na memória;
- *Desfecho:* sair pelo mundo contando e encantando – e isso é uma outra longa história!

Mas o mundo é uma bola!
E a história se repete, repete?

Com essas perguntas tão frequentes e reflexões sempre iminentes, o contador vai além da gente. Faz do exercício de contar a sua maneira de falar, de estar, de ficar.

### Dica do capítulo

Há uma coleção de 40 discos, chamada COLEÇÃO TABA, que circulou nas bancas nos anos 80, destinada ao público infantil, que pode nos ajudar a perceber o "como", o "o quê", "o porque" e o "para quem" bem delineados e implícitos em toda boa história. Os discos-livros dessa coleção, lançada, em 1982, pela Abril Cultural, possuem textos de grande qualidade, escritos por escritores renomados, ilustrados por bons ilustradores e canções interpretadas por grandes cantores brasileiros. É um material bem rico, com os textos registrados na forma adequada para uma leitura dramática, explorando a narração, o diálogo e o uso de canções. Os livros ainda têm um apêndice assinado pelo dramaturgo Ilo Krugli, sugerindo bons exercícios de encenação.

capítulo 8

# Contação de histórias: para jovem gostar de ler

## *O professor leitor*

É comum o professor querer desenvolver em seu aluno o gosto pela leitura, quando ele mesmo não é um leitor.

Para fazer o aluno gostar de ler, o professor tem, antes, que gostar de ler; falar com entusiasmo e emoção das suas leituras; comentar, frequentemente, alguma leitura que esteja fazendo ou que o tenha marcado; pensar com cautela porque prefere este tipo de leitura e não aquele; pensar na leitura não só como uma exigência profissional, mas como uma necessidade pessoal; estar consciente de que nem tudo o que ele lê é bom ou o melhor para seus alunos lerem; saber reconhecer as características de um bom texto e as impressões ou sensações que um determinado texto desperta nele. Em suma, investigar a sua história de leitura. Existe uma relação direta e intrínseca entre o professor-leitor e o professor agente de leitura. O professor, para se tornar um eficaz agente de leitura, tem que ser, antes de tudo, um grande leitor.

Mas o que faz com que eu me encante por este livro e não por outro? Algumas respostas são cabíveis e podem "descortinar" pistas...

## *O professor agente da leitura*

A contação de histórias, no âmbito da sala de aula, é um dos recursos que estão à mão do professor para fazer com que seus alunos se aproximem do mundo da leitura. E contar histórias para jovens não é muito diferente de contar para crianças ou adultos ou para qualquer outro tipo de público. Cada público tem suas especificidades, características que o particularizam, a grosso modo. A grande questão que divide esses públicos é a questão temática que acaba depois se estendendo para a questão dos gêneros.

Antes de pensar no público, especificamente, devemos pensar quais são os requisitos para se contar bem uma história. Dominar, em linhas gerais, o texto, saber fazer suas escolhas, se preparar com alguma antecedência para contar, utilizar conscientemente os recursos do instrumental humano (emoção, corpo, voz, memória) e os recursos técnicos necessários para uma maior eficácia no trabalho com a palavra (naturalidade, ritmo, entonação, pausas).

Um dos maiores problemas do afastamento do jovem da leitura diz respeito à adequação. Muitas vezes, a escola exige dos alunos leituras que seriam muito mais proveitosas e adequadas numa outra fase da vida. Por exemplo, a obrigatoriedade da leitura dos clássicos da nossa literatura.

Outro fator é a confusão que se faz da leitura de um texto literário com a de outros textos que, na escola, têm a função de ensinar, de proporcionar a aquisição de um conhecimento que é objetivo, científico, "colado" na comprovação dos fatos.

Outra questão é a transformação do professor em policial da língua, que privilegia, a todo custo, o trabalho com a norma culta, com a língua padrão, passando por cima dos registros e variantes regionais dos alunos – igualmente ricos e que fazem da língua uma estrutura viva.

Não é possível ignorar o fôlego de leitura do aluno. Se ele está acostumado a só ler livros de poucas páginas e letras grandes, é preciso aceitar isso temporariamente. O trabalho de ampliação desses limites é lento e gradual.

Não é possível encantar o aluno com uma massificação da leitura, ou seja, a tal da leitura obrigatória por bimestre. Quase sempre, o professor (ou a coordenação de área) escolhe um único livro para uma classe de 30 ou 40 alunos totalmente diferentes, com interesses diferentes, com formações diferentes, histórias de vida bastante distintas. Apostar na variedade também é uma forma de ampliar o leque de interesses!

## Estratégia de sedução

Para captar a atenção do aluno, o professor precisa contar histórias de uma maneira inusual, diferente da maneira como o aluno o vê no dia a dia da sala de aula. E isso não significa, simplesmente, ler uma história. Se o professor puder contar a história de memória, sem precisar ler, certamente vai causar maior impacto na sua plateia. Se a história for contada com o livro na mão, ela precisa ser preparada antes, precisa ser estudada.

## Fase da escolha

A melhor história é, certamente, aquela que aguça a nossa curiosidade e causa expectativas. Para tanto, é necessário:

- escolher uma história adequada aos interesses dos alunos, relacionada com o que eles estão vivendo ou que gostariam de viver;
- escolher uma história que seja bem construída e que apresente características que a tornem um texto literário;

- escolher histórias com conflitos bem delineados e soluções que proporcionem a identificação, uma outra maneira de resolver a questão, a abertura para um questionamento, uma reflexão ou um debate, ainda que interno.

## *Fase de preparação*

- Antes de qualquer coisa, gostar muito do texto que você quer contar.
- Ler muitas vezes o texto, até ter tomado consciência de seus detalhes essenciais e das suas múltiplas possibilidades de leituras.
- Ficar atento à questão do estilo do autor do texto, para não transformar o texto do autor num texto qualquer, com um vocabulário muito cotidiano que, na maior parte das vezes, empobrece o trabalho da linguagem literária, do próprio texto. Esse tipo de permissividade é maior quando se trata de textos que fazem parte da literatura oral, de tradição popular, portanto de autor desconhecido.
- Reconhecer as partes que formam o texto (introdução, desenvolvimento, clímax e desfecho) para saber dar a cada uma delas o ritmo, o clima, as pausas necessárias para uma maior fruição do texto e para não correr o risco de fazer uma narração monocórdia, ou seja, com o mesmo ritmo e tom do início ao fim, o que só contribui para a dispersão e, muitas vezes, para a sonolência.
- Usar uma movimentação corporal e gestual que possa contribuir para enriquecer o sentido do que está sendo contado, se possível, para estimular o público a atribuir

significado às expressões gestuais, e não para, simplesmente, repetir com o corpo o que a palavra já diz. Esse gestual precisa ser pensado e ensaiado antes.

- Explorar as possibilidades vocais para tornar a narração mais atraente. Mudar a voz para fazer vozes de personagens é sempre um recurso bem-vindo, se for ensaiado antes e se o professor estiver seguro para fazê-lo.
- Não encher a narração com perguntas no meio para não correr o risco de a história virar aula.

## *Fase da contação*

- Preparar o local, antes, para torná-lo acolhedor e gerar uma proximidade entre quem conta, quem ouve e o que se conta, é uma excelente iniciativa. O tema pode ser introduzido de forma leve, antes da história sem, contudo, cair na explicação. Uma boa maneira de introduzir a temática da história é fazer alguma atividade lúdica que prepare o assunto que a história vai abordar. Isso pode contribuir para a criação de uma expectativa positiva em relação ao que virá depois.
- Não cair na cilada de querer explicar uma história antes mesmo de tê-la contado. Uma história não precisa ser explicada, pois ela deve falar por si mesma.
- Não sentir-se obrigado a facilitar a linguagem da história, com medo de que os alunos não a entendam. Não é extremamente importante entender palavra por palavra do que o texto diz. O que vale mais é o sentido geral.

## O depois

- Não cobrar do aluno a repetição de dados da narrativa que não acrescentam nada à magia da história.
- Estimular para o debate, pensando sempre na temática da história e na relação que ela pode ter com a realidade dos alunos, as suas vivências, as suas histórias pessoais, fazer aproximações com a vida deles.
- Mostrar o livro depois da contação é sempre bom, porque contar uma história é uma maneira de encantar o aluno para fazê-lo chegar ao livro. Para tanto, é preciso fazer o aluno perceber que o que foi contado está dentro de um livro (ou de algum outro suporte ou material passível de leitura) e que, se ele gostou, ele pode encontrar mais nesse ou em outros livros.
- Fazer relações do que se contou com outros textos que abordam a mesma temática ou que possuem o mesmo estilo ou, ainda, que possam já estar apontados dentro da história contada é uma maneira de chamar atenção para as intertextualidades que um texto literário pode ter. Uma outra maneira de garantir o interesse é oferecer também textos que desconstroem a história que foi contada, que a transformam em paródia, que brincam com a seriedade de algum outro texto ou que apresentam uma outra maneira de abordar o mesmo assunto – o que vem a sublinhar a existência de diversos pontos de vista para uma mesma questão.
- Trabalhar com a variedade, buscar, sempre que possível, outras linguagens, como, por exemplo, a música, o videoclipe, o filme, a pintura, a escultura, o poema narrativo, etc.
- Trocar a cobrança formal por exercícios do tipo "texto que vira outra forma de arte", em que os alunos possam

apresentar suas leituras e releituras com outros tipos de manifestações artísticas.

Os assuntos abaixo costumam interessar aos jovens:

- humor/festa
- terror/mistério
- ação
- questões sentimentais/amor
- política
- heroísmo
- música
- esportes
- relação pais e filhos
- ídolos
- amizade
- questões sociais
- solidariedade

## *Afinal*

A aquisição do hábito (sem nenhuma conotação mecânica!), a transformação do gosto da leitura e a passagem da leitura ingênua para a leitura crítica é mesmo um trabalho a longo prazo. E não é só responsabilidade da escola, mas da família e da sociedade, de forma geral. Ter bibliotecas públicas bem aparelhadas e atualizadas, programas de incentivo à leitura e acesso garantido a tudo isso é também uma maneira de lutar pela cidadania!

### Dica do capítulo

Um bom exercício é pedir aos alunos que façam uma linha do tempo, marcando nessa linha os anos importantes de sua vida. Depois, pedir a eles que escolham uma música para cada um dos períodos marcados na linha do tempo. Em seguida, pedir a eles que selecionem, para cada período, uma imagem sua (pode ser foto, mas também pode ser qualquer outra imagem daqueles "anos", como, por exemplo, imagens de publicidade, publicadas em jornal ou revista da época). Propor que contem, então, a sua história na ordem cronológica, usando as imagens e intercalando a narração com as músicas escolhidas...

# 3 Um olhar técnico

capítulo 9

# Se meu corpo contasse: exercícios corporais para contadores de histórias

## 1. O corpo de fala plural

O contador de histórias é um todo orgânico que se expressa pela voz, pelo corpo e pelas expressões faciais, como resultado de um estímulo que tem sua raiz no texto contado, mas previamente elaborado em termos de imagens, ritmo, movimentos, memória, emoção, silêncios e treinamentos. Sem deixar de levar em conta os acontecimentos fortuitos do ato de contar, a performance do contador em uma história deve ser resultado da sua leitura em profundidade, seu estudo e preparação para trazer a público a história da forma mais expressiva possível e mais plurissignificativa.

O corpo tem papel fundamental na transposição da história escrita para a narração oral. Sem a possibilidade de voltar ao texto e reler um trecho mal compreendido ou que passou despercebido, sem os sinais gráficos de pontuação, as divisões de parágrafos, o apoio das ilustrações e, mais, a imposição de um outro ritmo que é o do contador e da leitura que ele faz da história que conta, o ouvinte da história tem que receber do contador um todo elaborado e minimamente controlado, para que o ato de ouvir histórias ultrapasse o mero entendimento do texto narrado e alcance a fruição.

Se levarmos em conta que todo texto tem uma forma que é própria dele, não incorreremos no risco de pasteurizar toda e qualquer narração oral. Nossa forma de contar é que deve se adaptar à história, não o contrário: o contador está a serviço da história que narra! Torná-la atraente, expressiva, instigante, estimulante e prazerosa é também não dar para o ouvinte todos os elementos mastigados e prontos. Em verdade, a forma, seja ela qual for, que o contador emprega para contar a história, deve funcionar muito mais como um esboço a ser preenchido pelo ouvinte do que um espetáculo pronto e acabado!

Poderíamos dizer que o corpo do contador está para a narração oral assim como as ilustrações estão para o texto na página. Mas não é só. Uma boa ilustração não se limita a reproduzir o que o texto diz. Assim, o corpo, na narração oral, também não pode se limitar a ilustrar as palavras que são ditas, sob o risco de redundâncias insuportáveis!

O trabalho corporal do contador de histórias tem uma infinidade de caminhos a seguir, seja no processo de preparação da história, seja no próprio ato de contar diante do público. Em geral, o contador se utiliza de gestos, movimentos e expressões faciais que podem estar numa relação de interdependência ou independência. Eles não precisam acompanhar, necessariamente, o que está sendo dito. Podem ser resultado de uma fala não explicitada (subtexto), podem ter a função precisa de desconstruir o que está sendo dito – com função crítica ou expressiva de causar na plateia um certo estranhamento. Podem servir para concretizar uma imagem ou apenas para chamar a atenção para outras ordens, como grandeza, intensidade, etc. Contudo, a postura corporal do contador também é responsável pelo estabelecimento do clima da história.

E quanto mais o contador ensaia, mais "limpos" ficam seus gestos e movimentos, maior a sua precisão e mais plasticidade ele pode alcançar. Não podemos esquecer que estamos lidando com uma linguagem artística!!!

Isso não significa que o ensaiado perca a naturalidade e a espontaneidade! O "truque" é exatamente estar treinado e seguro o bastante para que os gestos e tudo o mais brotem na hora em que precisamos deles.

## 2. *A qualidade dos gestos*

Os gestos, os movimentos, a mímica, as expressões corporais do contador de histórias, via de regra, são acompanhamentos – auxiliares, ampliadores ou substitutos – da linguagem articulada. Estão carregados de informações que podem ser decodificadas instantaneamente. São fontes apenas de força e intensidade ou estão impregnados de uma simbologia que não se deduz tão prontamente.

De qualquer modo, ao se privilegiar um desses aspectos, está se fazendo uma diferenciação tipológica, necessária como parte de um trabalho sistemático, e por razões metodológicas.

Observando o paradigma: **objeto – estímulo – impressão – ideia – palavra**, dividimos o estudo do gesto em três grandes possibilidades expressivas: ilustrativos, enfáticos e sintéticos.[13]

## 3. *O corpo como ilustração*

O corpo tem uma arquitetura própria. Como em uma construção de um barraco ou de um palácio, o corpo é o abrigo de uma potencialidade expressiva e plástica, mas é também o depositário dos sentimentos, das lembranças, das marcas, das emoções que ficaram cravadas nas paredes dessa casa-gente. Se somos essa construção, essa escultura em movimento, em repouso, em exibição, somos também um universo de gestos aprendidos no âmbito do nosso convívio (geográfico, cultural, temporal,

13 - Já tratados no final do capítulo 3 ("para contar melhor", item 4 - Corpo).

social), na vida cotidiana e através da herança histórica. O meio e as atividades exercidas (e repetidas) frequentemente têm o poder de desenhar no nosso corpo um mapa de sinais, que pode ser lido de muitas formas. No momento de expressar-se fisicamente, é a esse conjunto de códigos aprendidos que recorremos. E é exatamente esse conjunto de códigos em uso que pode identificar, para os que nos observam, a nossa procedência (novamente, espacial, social, cultural, de ofício, de gênero, inclusive, etc.). Se esse universo textual é codificado e determinado por esses fatores já nomeados, é também controlado pelo externo, muito mais do que pelo interno. A família, o grupo a que pertencemos e o sexo são, em geral, os maiores responsáveis por esse controle. Quem rompe com essa linha expressiva permitida e esperada, acaba tendo que enfrentar uma cultura sacralizada, solidificada e, às vezes, empobrecedora, porque impositora de um repertório por vezes muito limitado.





A expressão corporal visando uma performance artística tem, quase sempre, como progressão, um caminhar que parte do conhecido (geral) para o único, o individual (particular). Encontrar para o corpo uma linguagem plástica que seja, ao mesmo tempo, decodificável e original é um trabalho árduo, principalmente para os artistas que trabalham sem perder o foco na necessidade de colocar o corpo inteiro para falar, como costuma ser o desejo dos contadores de histórias.

A conquista de uma verdade corporal passa pela repetição, com a atenção fixa naquilo que está sendo feito, com o controle do que se faz com o corpo e com o reconhecimento de que sempre se pode ir mais além. A emoção, quando flui livremente pelo corpo, acaba construindo formas harmônicas e de grande plasticidade para se expressar. E é isso o que, em geral, busca um bom contador de histórias, já que a emoção provocada no ouvinte-espectador também depende muito do seu amplo espectro de expressão corporal.

Por fim, somos tentados a considerar que o corpo, para um contador de histórias, está em pé de igualdade com as ilustrações em um livro.

*Dica do capítulo*

Pedir aos alunos que tragam alguns brinquedos da infância: peteca, bambolê, pneus, cordas e sacos de aniagem (ou juta, ou ráfia, ou malha). O professor também pode levar o material. Montar um circuito com os objetos (para trabalhar a mobilidade corporal), a ser executado individualmente por cada aluno. Exemplo: o aluno pula corda, solta, corre pisando dentro dos pneus, pega a peteca e joga-a 5 vezes, sem deixar cair, corre pulando dentro do saco de aniagem até onde está o bambolê, roda-o umas 6 vezes, solta-o e entra na roda, que vai-se formando aos poucos. Cada vez entra um aluno, mas a roda continua o tempo todo, cantando e brincando com as cantigas de roda, sempre com o intuito de executar ações que trabalhem o corpo (para isso a cantiga "A carrocinha pegou" ou "A canoa virou" ajudam bastante, dentre outras!).

# *capítulo* 10

## A cor da voz (em algumas palavras)

### *Para o contador de histórias*

O contador de histórias tem um poderoso instrumento para contar suas histórias: sua própria voz. Mas precisa estar atento, acostumar-se a ouvir-se, a apreciar os timbres e nuances da sua e das vozes que o cercam.

A primeira coisa a observar diz respeito à projeção da voz. Ela deve adequar-se às características físicas do local onde a história vai ser contada. Deve ser projetada de modo a atingir, com clareza – e conforto para quem emite – todos os que estão sujeitos à história.

O contador de histórias não demora a perceber que "o como o texto é dito é tão decisivo quanto o que é dito".

Antes de contar uma história, o contador de histórias deve fazer aquecimentos vocais. Executar exercícios de relaxamento e respiração, como bocejar várias vezes, inspirar bem fundo e expirar cada vez mais demoradamente.

Para narrar uma história com boa voz é preciso:

1. **Atentar para o ritmo da fala.** O nervosismo leva-nos a falar rápido demais.
2. **Projetar a voz.** O nervosismo, a inexperiência e a má respiração costumam afetar a projeção da voz.

3. **Pronunciar as palavras com toda clareza possível.** Má pronunciação quase sempre revela problemas de leitura e maus hábitos de fala. Às vezes, há uma tendência para "engolir" os finais das frases, o que revela problemas de respiração. Outras vezes, há ainda uma tendência, generalizada, de se abrir pouco a boca, prejudicando a emissão das vogais, que são sons mais redondos.
4. **Tornar expressivo o que se diz.** As palavras têm "coloridos" e "texturas" diferentes e se adaptam ao que queremos dizer, com a ênfase e a intenção que colocamos nelas. Portanto, as palavras são diferentes, tem "pesos" diferentes e "alturas" diferentes.
5. **Descobrir a musicalidade das frases.** Um texto é cheio de altos e baixos; é como se fosse um gráfico, com um fluxo que tem subidas e descidas, suavidades, pausas e interrupções. A variação dos sons é que produz o prazer de ouvir.
6. **Postar-se de forma correta.** A postura do corpo deve ser cuidada. O peso tem que estar distribuído, a coluna ereta, sem ficar fazendo transferências de peso ou balançando-se, muito menos falar na ponta dos pés ou com as pernas dobradas. Tudo isso altera a qualidade do som.
7. **Fazer contato visual com o público.** Olhar para o público, depois de ter ensaiado um bom número de vezes, ajuda a "dividir" o foco de atenção, ou seja, criar uma certa naturalidade na emissão da voz, sem que se pareça extremamente preocupado com ela. Além, é claro, de possibilitar ajustes vocais de acordo com o retorno que a plateia nos dá.
8. **Confiar na sua apresentação.** Estar seguro, caso algo saia diferente do que foi planejado, manter a calma, curtir o que está fazendo!

## *Na história*

Toda história apresenta uma enormidade de possibilidades sonoras. Para que o contador de histórias não deixe de explorar esses recursos, sugerimos:

- Descobrir as possibilidades percussivas do próprio corpo: usar os seus próprios recursos corporais para produzir e reproduzir sons, seja com a boca e/ou com outras partes do seu corpo.
- Estar sempre atento às sonoridades do mundo que o cerca. Os lugares têm sons e ruídos característicos; percebê-los é, com certeza, enriquecer as nossas possibilidades vocais e sonoras.
- Preparar o "roteiro" sonoro da história. A preparação da "partitura sonora" de uma história é um exercício de pesquisa; é preciso observar, buscar, elaborar, testar, ensaiar, mudar, etc.
- Utilizar (quando o contador achar conveniente e quando tiver habilidade para isso) algum instrumento musical ao alcance das suas possibilidades. Normalmente isso é bom para sublinhar momentos específicos da história, pontuar situações, construir climas, anunciar mudanças, chamar um personagem, etc. A utilização de instrumentos possibilita criar uma espécie de trilha sonora (sem nenhuma obrigatoriedade), mas não pode "pesar" no todo, ficar em demasia, tornar-se mais importante que a história.
- Treinar e ampliar suas habilidades vocais. Não basta descobrir seus recursos vocais, é preciso utilizá-los convenientemente na história. Os recursos vocais numa história estão sempre em função de comunicar, de certa forma, o

pensamento (ou se preferirmos, a emoção) de quem narra. A linguagem expressiva de uma história é construída por quem narra, mesmo que as palavras sejam as mais bonitas e eficazes e as mais bem escolhidas no papel; ou seja, quem narra é que vai emprestar cor, expressividade para o texto, que é só texto latente sem a voz do narrador oral.

Quando um contador de histórias está preparando uma história para contar, não pode esquecer que, além de estar dando voz à história, ele está sonorizando a história. Utilizar-se de recursos sonoros pessoais é obrigatório; utilizar-se de recursos sonoros externos é opção; mas tudo deve ser feito com equilíbrio, sem perder de vista (ou de ouvido!) a harmonia dos recursos utilizados.





Materiais inusitados para produzir sons e "trilhas sonoras" para uma história podem ser bem-vindos (garrafas, latas, pedaços de madeira, caixas de fósforo, além de instrumentos musicais), desde que não se tornem mais importantes do que a própria história.

Durante a preparação vocal e sonora de uma história, o contador de histórias poderá avaliar-se, levando em conta os seguintes pontos:

1. Os sons ou "ruídos" utilizados na história estão adequados aos gestos e movimentos?
2. A sonoridade da história aparece naturalmente, como parte do fluxo da história, ou parece que foi enxertada ali, de forma abrupta?
3. As palavras e sons estão pronunciados com clareza?
4. Os diálogos e vozes de personagens, quando for o caso, correspondem às intenções de quem narra?
5. Foram utilizados diferentes tipos de vozes e falas?
6. Está sendo possível descobrir ou sentir o ritmo da linguagem?

Quando uma história é narrada como se estivesse sendo explicada, ela não constrói à sua volta um clima e nem mostra a emoção do narrador, dos personagens, do texto. A história tem que ser uma emoção auditiva e visual. É a ligação entre o texto e a imagem que deve interessar ao contador de histórias quando ele vai preparar uma história para ser contada.

## *Pontos a lembrar*

O contador de histórias, para ter uma boa qualidade vocal, deve lembrar-se destas palavras: OUVIR, PERCEBER O SILÊNCIO, AGILIDADE VERBAL, DICÇÃO E EMOÇÃO. Essas são as palavras básicas do contador de histórias em seu trabalho de preparação vocal. Em última análise, a função maior da voz é oferecer estímulos para levar o ouvinte a ver (também com a imaginação) e sentir o que está sendo narrado!

## Dica do capítulo

Um bom exercício para se fazer, brincando com a voz, começa com a separação da turma em dois grupos. Um grupo fica de pé de frente para o outro. Trazer trava-línguas para usar no exercício. Os dois grupos devem repetir, em voz alta, os trava-línguas propostos pelo professor. Um grupo fala para o outro, como se fosse uma "batalha". O outro fala em resposta. O professor pode propor que um grupo fale a metade e o outro grupo, o restante. À medida que a brincadeira evolui, pode pedir que alterem o ritmo e falem lento, rápido, devagar, muito devagar, sussurrando, rindo, chorando, com gemidos de dor, etc. Pode acrescentar personagens: falar o trava-língua como se fossem velhinhos, como se fossem crianças, como se fossem cantores de ópera, como se fossem bruxos, etc. Por fim, podem alterar a distância entre os grupos e falarem de longe, de perto, de costas, etc.

*Sugestões de trava-línguas:*

1. Quando se toca a retreta na praça repleta, se cala o trombone e se toca a trombeta.
2. Pinga a pipa dentro do prato, pia o pinto e mia o gato.
3. Quico quer caqui. Que caqui que o Quico quer? O Quico quer qualquer caqui.
4. O peitinho do pezinho de Pedrinho é pretinho.
5. Três pratos de trigo para três tigres tristes.
6. Luzia lustrava o lustre listrado, o lustre listrado luzia.
7. Uma aranha dentro da jarra. Nem a jarra arranha a aranha nem a aranha arranha a jarra.
8. Pedro Pereira Pedrosa pediu passagem para Pirapora.
9. Quem não tem toco preto, porco fresco e corpo crespo não é de ninguém e não vale vintém.
10. O Papa papa o papo do pato.

capítulo 11

# Preparação de uma sessão de contos

## A história

Uma história boa, para ser contada, define-se pelo conflito ou problematização. O argumento possui uma progressão provocada por conflitos que são resolvidos depois, no decorrer da história.

O estudo de uma história permite ao contador levantar questões que levam à compreensão do tema, das personagens, do enredo e, consequentemente, a uma contação coerente. O contador deve estar preparado para responder perguntas do tipo: do que fala a história? O que conta para o leitor? O que tenta dizer?

Se o contador juntar a essas questões a clareza de entendimento dos efeitos emocionais que a história pode despertar no ouvinte, dos grandes acontecimentos da história, do desenvolvimento do conflito, da relação causal dos incidentes e da relação entre as personagens, certamente ele terá dominado o texto.

## Roteiro da história

É a sequenciação da história da forma mais direta possível, na ordem dos acontecimentos, com palavras-chaves que ajudam a recuperar rapidamente cada passo da história. Normalmente, cada ação ou mudança de direção na sequência constitui um novo tópico no roteiro. Se o contador da história constrói esse roteiro, no início do trabalho e dos ensaios, ele vai ganhando segurança e domínio da história que está preparando.

## Blocos

Toda história pode ser dividida em blocos. A grosso modo, esses blocos seriam: introdução, desenvolvimento, clímax e conclusão ou desfecho. Separar a história em blocos é uma maneira de visualizar as mudanças de ritmo, de clima, de voz, tão necessárias para a contação não ficar monótona. Esse exercício de separar a história em blocos também deve estar no começo do trabalho com um texto novo.

## Roteiro do espetáculo



Um roteiro de apresentação deve ser construído pensando na dinâmica do espetáculo e na renovação constante do interesse e da atenção do público. Portanto, as histórias maiores e mais sérias devem vir sempre antes. Intercalar as histórias mais sérias e reflexivas com as histórias mais engraçadas ou cômicas é uma forma de "orquestrar" o ritmo da apresentação. Atenção também deve ser dada ao tipo de histórias, alternando-se as histórias poéticas com as mais coloquiais, com as de cunho popular, etc. Então, para o roteiro ficar bem dosado, deve-se intercalar as histórias por sua duração, seu gênero e seu público (no caso de ser impossível prever que tipo de público terá a apresentação, a variedade aumenta as chances de acertos). É sempre bom que uma apresentação termine com uma história que seja "pra cima".



## Apresentação

Deve ficar sempre entre 40 minutos e uma hora de duração. O público não deve nunca ser pego desprevenido: ele tem que estar ali porque quer ouvir histórias, porque a apresentação estava já programada com antecedência (e divulgada, claro!). O número ideal pode variar em torno de quatro a seis histórias, no máximo (para o público adulto). Mais que isso, o público começa a dar sinais de cansaço e pode-se passar a impressão de que ouvir histórias é uma coisa chata! Para o público infantil, não mais do que quatro ou cinco histórias, desde que elas não sejam muito longas. Uma história que dura mais de 15 minutos é comprometedora!!! O tempo ideal para duração de uma história para crianças não deve ultrapassar os 10 minutos, a não ser que a história seja muito boa, dinâmica e que a performance do contador seja genial, capaz de ter o seu público na "palma da mão"!

## *Programa da apresentação*

É sempre recomendável que se distribua para a plateia algum tipo de folheto que apresente o grupo, o nome dos integrantes e a indicação bibliográfica das histórias a serem contadas naquela apresentação, de preferência, na ordem em que serão apresentadas, para facilitar a identificação. Afinal de contas, somos promotores de leitura e queremos que o nosso público possa voltar àquela história, se assim desejar.

## Dica do capítulo

Uma boa história tem, pelo menos, um conflito básico. E uma narrativa é quase sempre a maneira como as personagens envolvidas resolveram o conflito. Para exercitarmos a resolução de conflitos, o professor pode propor um exercício em que os alunos-personagens mostrem como resolveram o impasse contido na questão proposta:

1. Sair de um ônibus super lotado.
2. Ficar preso em um elevador cheio de gente.
3. Entrar numa festa sem ter sido convidado.
4. Entrar em casa tendo esquecido a chave.
5. Comer uma comida que você detesta.
6. Fazer o bebê parar de chorar.
7. Prestar atenção no que diz a outra pessoa, estando o som do rádio ligado no mais alto volume.
8. Numa cerimônia importante, não deixar ninguém notar que a sua roupa está rasgada.
9. Arrumar toda a bagunça antes do professor entrar na sala.
10. Voltar para casa com tudo o que foi pedido, mesmo tendo perdido a lista das compras no caminho.

capítulo 12

# Para contar melhor

Dominar os 13 elementos abaixo é garantir, certamente, o sucesso, sobretudo da literatura-viva!

- Emoção
- Texto
- Adequação
- Corpo
- Voz
- Olhar
- Espontaneidade e naturalidade
- Ritmo
- Clima
- Memória
- Credibilidade
- Pausas e silêncios
- O elemento estético

Por isso, vamos experimentar vivenciá-los em forma de oficinas, descritas neste capítulo e nos dois seguintes: a primeira de sensibilização e entrosamento de grupo; a segunda de trabalho com o texto; a terceira de exploração das possibilidades corporais.

## *Roteiro de oficina*

### 1 – Conto, logo existo

> *Objetivos:* sensibilização para os elementos fundamentais da arte de contar histórias, entrosamento de grupo.

1. Bate-papo inicial, fazendo um levantamento, com os alunos, da importância e dos porquês de se contar histórias. Ouvir um por um, amarrar as respostas, fazer associações.
2. Relaxamento – em círculo, dar as mãos e fechar os olhos, ao som de música bem suave, de preferência apenas instrumental. Levar os alunos a se imaginarem em outros lugares e provocar a visualização mental e as sensações prazerosas que as imagens podem provocar; chamar atenção, o tempo todo, para a respiração profunda e lenta.
3. Exploração do espaço (andar falando: nome, idade e as duas coisas que gosta mais de fazer; andar e falar baseado no código rítmico: normal, lento, rápido, sinalizados por um apito, variar os ritmos).
4. Brincadeira de "era uma vez" (a cada sinal [apito], encontrar um parceiro e contar um fato vivido por você para o seu par na dupla. Começar com "era uma vez", e contar sempre na 3ª pessoa). Primeiro um conta e o outro ouve, depois, ao contrário. Todas as duplas estarão contando, ao mesmo tempo, espalhadas pela sala. A cada apitada, andar pelo espaço, trocar de duplas e repetir o exercício para ir aperfeiçoando a história que contou para o primeiro.
5. O professor conta uma história.

6. Leitura e discussão de texto teórico. De preferência utilizar o texto "Contando a gente acredita", que está no capítulo 1 deste livro, exatamente por tratar-se de texto que dá uma ideia geral do que é a arte de contar histórias. Ler coletivamente e, depois, dividir a turma em pequenos grupos.
7. Cada grupo conversa sobre os aspectos do texto que chamaram atenção e escolhem uma palavra para sintetizar a discussão que travaram neste pequeno grupo. Registrar a palavra por escrito, sem deixar os outros grupos verem e guardar.
8. O professor pergunta aos alunos, que já estão divididos nos pequenos grupos: o que é contar histórias? Pede que eles discutam nos grupos e que respondam à pergunta cenicamente, sem usar a voz, mas utilizando um único objeto (sugestão: um pequeno baú, levado pelo professor). Os grupos ensaiam essa apresentação. Na hora da apresentação colocar música instrumental de fundo (uma para cada grupo), com ritmos diferentes, pedindo que o grupo execute suas ações no ritmo da música. Ao final da apresentação de cada grupo, eles mostram a palavra síntese da discussão e tentam relacionar a palavra com a apresentação que fizeram.
9. Leitura, preparação e apresentação da contação coletiva de uma história. O professor distribui um livro de imagens para cada grupo e pede que eles preparem a história para ser contada coletivamente. Cada membro do grupo deve ficar responsável por narrar um pedaço da história. Tempo para ensaio.
10. Apresentação das histórias. Comentários do professor e dos demais grupos após cada apresentação.
11. Cada grupo, a partir do que vivenciou e viu, vai elaborar uma lista de problemas mais comuns na hora de contar. O professor, durante a apresentação dessas listas, por cada grupo,

vai chamar atenção para o que é recomendável e o que não é recomendável no momento de contar uma história.

12. O professor passa vídeo de uma contação profissional. Há várias na internet, especialmente no YouTube.
13. Construção do tripé da história (texto, corpo, voz). Em pequenos grupos, que podem ser os mesmos dos exercícios anteriores. Cada grupo escolhe um ditado popular para trabalhar. Exercício 1: dizer coletivamente o texto de maneira diferente, com ênfase na palavra, brincando com os sons, os ritmos do dizer, as possibilidades de expressão da palavra, a intenção do dizer. Experimentar no grupo, apresentar para todos. Exercício 2: dizer o texto só com o corpo. Ensaiar. Apresentar. Exercício 3: dizer o texto só usando sons corporais, recursos sonoros produzidos pelo corpo (boca, mão, outras partes do corpo). Ensaiar. Apresentar. Exercício 4: juntar tudo numa única vez. Ensaiar. Apresentar.
14. Preparação de uma contação coletiva de história, transformando o provérbio escolhido em uma narrativa oral. Explorar principalmente os elementos trabalhados nos exercícios com os ditados populares (texto, corpo, voz).
15. Apresentação dos grupos e comentários da turma.
16. Avaliação do módulo I, usando o baú. Em círculo, tal como começou o trabalho, o baú vai passando de mão em mão. Quem estiver segurando o baú, fará movimentos de abrir e fechar o baú, dizendo o que tira daquele baú e o que quer deixar ali, segundo sua atuação e aproveitamento da oficina.

***Observação:*** *O professor pode subdividir este roteiro em vários encontros. Mas é possível também executá-lo em uma oficina de 4 horas/aula.*

## Para ajudar na seleção do material:

1. CDs para relaxamento: Enya; Loreena McKennitt, Paul Collier, cantos de pássaros, sons da natureza, músicas tocadas por saxofones, trilhas sonoras (instrumentais) de filmes, músicas clássicas, *world music*, *new age*, etc.

2. Livros de imagens: *Cena de rua* (Angela Lago, ed. RHJ); *Cavaleiro andante* (Celso Sisto, ed. Paulus); *Ida e volta* (Juarez Machado, ed. Agir); *Onda* (Suzy Lee, ed. Cosac Naify); *Brinquedos* (André Neves, ed. Mundo Mirim); *Só tenho olhos pra você* (Graça Lima, ed. Paulinas); *Victor e o jacaré* (Mariana Massarani, Studio Nobel); *Olho mágico* (Roberto Caldas, ed. Paulinas); *A flor do lado de lá* (Roger Mello, ed. Global); *Truks* (Eva Furnari, ed. Ática), *Vida moderna* (Semíramis Paterno, ed. Lê), *Matias e o bolo de aniversário* (José Palomo, ed. Melhoramentos), etc.

3. Ditados populares: Mais vale um pássaro na mão do que dois voando; Boa romaria faz quem em casa fica em paz; Nem tudo que reluz é ouro; Água mole em pedra dura, tanto bate até que fura; Em casa de ferreiro, espeto é de pau; Cão que ladra não morde; Uma só andorinha não faz verão; Filho de peixe, peixinho é; Quem conta um conto, aumenta um ponto; Quem não tem cão, caça com gato; Em terra de cego, quem tem um olho é rei; De grão em grão a galinha enche o papo; Quem nunca comeu melado, quando come se lambuza; Quem semeia vento, colhe tempestade.

# *capítulo* 13

## Para escolher bem o texto

Alguns aspectos devem ser observados para a escolha e abordagem do texto que vai ser contado. São eles:

- Paixão
- Conflitos instigantes
- Personagens bem delineados
- Estrutura narrativa bem armada
- Linguagem bem construída
- Duração entre cinco e dez minutos
- Apresentar possibilidades de interpretação nas entrelinhas (não ser muito mastigado)
- Possibilitar a passagem da modalidade escrita para a oral
- Não ser óbvio, nem didático, nem moralista, nem doutrinário, nem preconceituoso (principalmente, esquecer de vez essa ideia de que literatura tem que passar mensagem!)
- Ser capaz de cativar o ouvinte e suscitar o desejo de novas histórias
- Ser capaz de suscitar o prazer (provocar arrepios, levar à percepção de novas coisas, ampliar a imaginação, etc.)

## *Roteiro de oficina*

**2 – O dono do texto**

*Objetivo:* aquisição gradual do texto que vai ser contado

1. Exercício de relaxamento com música suave.
2. Levantamento com os alunos das histórias que mais gostavam de ouvir na infância e o porquê, dentre os clássicos da literatura infantil.
3. Colocar uma história narrada oralmente em CD. Comentários das particularidades da história e da gravação.
4. Divisão em pequenos grupos: cada grupo receberá um livro com um clássico da literatura infantil.
5. O grupo vai ler e conversar sobre o texto. Sugerimos as seguintes questões: do que fala a história? (o tema); o que está sendo contado? (o enredo); que ideias o texto desenvolve, defende, ataca? (as teses); por fim, seria interessante citarem, se alguém souber, outras variantes e outros registros da história, feitos por outros autores.
6. O grupo vai recuperar, ainda oralmente, entre eles, os seguintes pontos: que emoções o texto desperta em cada um?; quais são os principais acontecimentos da história?; como se desenvolve o conflito básico da história?; qual a sequência dos acontecimentos?; quais são as causas dos acontecimentos principais?; como são as relações entre os personagens?; como se apresentam, no texto, o tempo e o espaço?; que imagens a história desperta em cada um?
7. O grupo vai dividir, no texto, a história em 4 blocos: o bloco da introdução da história, o do desenvolvimento, do

clímax (ponto mais alto do impasse, do conflito, etc.) e o do desfecho.

*8.* O grupo vai preparar um roteiro da história, por tópicos numerados. Registrar cada tópico da história em tirinhas separadas, de papel. Distribuir as tirinhas entre os integrantes do grupo.

*9.* Brincar de contar, no grupo, obedecendo a ordem numérica das tirinhas. Cada um deve desenvolver sua parte, a partir do tópico, sem entrar na parte do outro.

*10.* Cada componente do grupo vai transformar seu tópico (da tirinha) em uma palavra-chave, escrita num cartão. Contar novamente a história, na sequência numérica, unicamente a partir dos cartões com as palavras-chave.

*11.* O grupo agora vai eleger, para cada pedaço contido na palavra-chave, um clima, um ritmo e uma intenção que vão ser explorados, por cada contador, no momento de contar o seu pedaço da história. Ensaiar, contando toda a história na sequência, explorando esses elementos (clima, ritmo, intenção).

*12.* Sinfonia de histórias: cada grupo conta para todos a história trabalhada até aqui.

*13.* Após cada história, comentários relativos ao domínio oral da história.

*14.* Avaliação da aula: o que foi bom para você como contador e o que não foi?

## Para ajudar na seleção do material:

1. **CDs de narração oral:** *Contos, cantos e acalantos* (José Mauro Brant, Distribuidora Biscoito Fino); *Uma ideia toda azul e outras histórias escritas e contadas por Marina Colasanti* (Marina Colasanti, distribuidora Luz da Cidade); *A moça tecelã e outras histórias escritas e contadas por Marina Colasanti* (Marina Colasanti, distribuidora Luz da Cidade); coleção disquinho (adaptações de João de Barro, distribuidora Warner Music, 50 volumes remasterizados); *Doze lendas brasileiras, escritas por Clarice Lispector* (narradas por Camila Pitanga, Heloísa Mafalda, Maria Zilda e outros; distribuidora Luz da Cidade); *Contos de todos os cantos* (Giba Pedroza, distribuidora Por do Som), *Brincadeiras de roda, estórias e canções de ninar* (Elba Ramalho e Antônio Nóbrega, distribuidora Estúdio Eldorado).





2. **Livros de contos clássicos recomendáveis:** Contos de fadas (Maria Tatar [org.], ed. Zahar); 103 contos de fadas (Angela Carter, ed. Companhia das Letras); Meu primeiro livro de contos de fadas (Mary Hoffman, ed. Companhia das Letrinhas); Volta ao mundo em 52 histórias (Neil Philip, ed. Companhia das Letrinhas); Cinderela e outros contos de Grimm (Ana Maria Machado, ed. Nova Fronteira); Contos de Grimm (Wilhelm e Jacob Grimm, ed. Companhia das Letrinhas); Contos de Andersen (Hans Christian Andersen, Editora Ática); Histórias à brasileira (Ana Maria Machado, ed. Companhia das Letrinhas); Chapeuzinho Vermelho e outros contos de Grimm (Ana Maria Machado, ed. Nova Fronteira); Branca de Neve e outros

contos de Grimm (Ana Maria Machado, ed. Nova Fronteira); Histórias ou contos de outrora (Charles Perrault, ed. Landy); Contos de Perrault (Fernanda Lopes de Almeida, ed. Ática); Fábulas italianas (Italo Calvino, Companhia das Letras); Os grandes contos populares do mundo (Flávio Moreira da Costa, ed. Ediouro). Literatura oral para a infância e a juventude (Henriqueta Lisboa, ed. Peirópolis).





*Dica do capítulo*

**A partitura da história**

Para construir uma partitura da história a ser contada, divida o texto em 4 blocos básicos (introdução, desenvolvimento, clímax e desfecho) e, para cada bloco, escolha um ritmo, um clima a ser construído e uma intenção para ser buscada por quem conta e despertada no ouvinte... Para ajudar a nomear, vai o quadro a seguir.

## *Partitura da história*

| Ritmos | Climas | Intenções* |
|---|---|---|
| Muito lento | Amistoso | Ansiedade |
| Lento | De aventura | Curiosidade |
| De lento para rápido | Agressivo | Choque |
| Acelerado | Cômico | Choro |
| Muito rápido | De despedida | Desconstrução de estereótipos |
| Frenético | Dramático | Estranhamento |
| Sincopado | De encantamento | Familiaridade |
| De rápido para lento | Erótico | Identificação |
| Suave | Frenético | Interesse |
| Moderado | De humor | Impacto |
| Com pausas | De horror | Libertação |
| Com silêncios | De leveza | Moralismo (ensinamento) |
| | De mistério | Ódio |
| | De magia | Persuasão |
| | Melancólico | Provocadora |
| | De perplexidade | Raiva |
| | Romântico | Riso |
| | De terror | Surpresa |
| | | Suspensão do tempo |

* Emoção a ser percebida ou despertada no outro.

# *capítulo* 14

## Na hora de contar

O quadro a seguir tem a função de chamar a atenção do contador de histórias para elementos que precisam ser percebidos e explorados ou evitados, durante o exercício de contar uma história oralmente:

| Recomendável | Não-recomendável |
|---|---|
| Olhar para a plateia | Fingir que olha, olhar para o chão, para o teto, por cima das cabeças |
| Distribuir o olhar igualmente por toda a audiência | Se fixar num lado ou numa pessoa |
| Linguagem de acordo com a plateia | Infantilizar a linguagem; exagerar nos diminutivos |
| Linguagem fluida | Vícios de linguagem: aí, né, então... |
| Não denunciar o erro: troca de palavras, troca de episódio e fatos, esquecimento de algo ou da sequência da história | Expressar o erro pedindo desculpas, fazendo comentários acerca do erro, da troca ou falha de memória |
| Visualizar a história enquanto narra; criar um roteiro visual e verbal, por episódio, na sequência da história | "Cuspir" o texto; falar mecanicamente; não sentir o poder e a força das palavras |

| Recomendável | Não-recomendável |
|---|---|
| Usar gestos expressivos, que acrescentem algo ao entendimento da história | Usar gestos apenas para ilustrar o que a palavra já diz |
| Movimentar-se só quando a história "exigir" | Andar sem parar, de um lado para o outro, em círculos, etc. |
| Não explicar a história: o texto deve falar por si mesmo | Transformar a história em aula com desenvolvimento didático e necessidade de explicação a cada "coisa" narrada |
| Preparar a história antes: ensaiar sempre | Contar só baseando-se no improviso |
| Não prender qualquer parte do corpo enquanto está contando, tipo mãos no bolso, braços cruzados (na frente ou atrás) | Contar sentado, imobilizando metade do corpo ou apoiar-se em "muletas", como caneta na mão ou algo para ficar mexendo |
| Evitar movimentos repetitivos | Cabelo solto, franja no rosto, cordões e roupas chamativas – toda e qualquer coisa que desvie a atenção da história e chame a atenção sobre o contador |
| Que o tom de contar seja diferente do tom de bater-papo | Narrar como se estivesse declamando, de forma "empolada" e exagerada |

| Recomendável | Não-recomendável |
|---|---|
| Projetar a voz em direção ao espaço | Contar toda a história com o mesmo tom |
| Usar diversos ritmos no decorrer da narração | Usar o mesmo ritmo, do início ao fim |
| Acreditar na história que está sendo contada | Fingir que acredita na história |
| Usar pausas durante a história, explorar o silêncio, o movimento sem palavras | Falar ininterruptamente |
| Dar à apresentação um tratamento de espetáculo | Ignorar que toda e qualquer apresentação pública de história envolve uma preparação estética |

## *Roteiro de oficina*

### 3 – O corpo também conta

*Objetivos:* desinibição, fazer contato corporal consigo e com os outros, perceber que o corpo também pode responder aos estímulos das palavras e das imagens mentais.

1. Exercícios de relaxamento, com música suave, de preferência instrumental. Se a sala for adequada, o melhor é pedir que os alunos venham com roupas confortáveis. Esse relaxamento deve ser feito com as pessoas deitadas no chão (em tatames, em toalhas, em colchões de ginástica...) e com as costas no chão, as pernas estendidas e os braços também, ao longo do corpo, com a palma da mão virada pra cima. Olhos fechados todo o tempo e foco na respiração. O professor pode e deve narrar o exercício, pedindo aos alunos que se vejam num lugar bonito, etc. e tal...
2. Terminar o relaxamento com os alunos levantando devagar e dando um abraço coletivo no meio da sala.
3. Abrir o círculo novamente. Cada aluno vai ao centro da roda, dizer com o corpo (e só com o corpo) uma palavra que o defina.
4. Caminhar pelo espaço, como se estivessem caminhando em diferentes terrenos... O professor vai narrando: vocês estão caminhando agora numa praia... agora no gelo... agora dentro d´água... agora no meio de arbustos espinhosos... agora no asfalto quente... etc.
5. Desse exercício, a brincadeira evolui para o jogo coletivo de estátua, sempre com o professor comandando: agora somos todos estátuas de bichos... de reis e rainhas esnobes...

de crianças no parque de diversões... de velhinhos tomando remédio... de músicos tocando seus instrumentos... de atletas numa competição... de pessoas famintas... de cobras dando o bote... de amigos dançando numa festa... de monstros devoradores...

6. Agora, ainda andando pelo espaço, cada vez que eu apitar (ou bater palmas, ou tocar o tambor...) nós vamos formar grupos, na quantidade que eu indicar: agora eu quero grupos de 2... andando... agora eu quero grupos de 5... andando... agora eu quero grupos de 3... andando... agora, grupos de 7... etc.
7. Agora vamos deixar o espaço livre... Eu vou dizer um título e vocês, um por um, vão entrando para criarem a fotografia baseada no título que eu disser... A nossa primeira foto vai se chamar... (sempre uso títulos de livros!) "Sai da lama, jacaré!"... montou (vão entrando aos poucos)... ficou... desmontou... saiu todo mundo; nossa segunda fotografia vai se chamar "Um dia com sua bolsa"... entrou... montou... ficou... saiu... Agora, vai ser "Agora não, Bernardo!"... entrou... montou... ficou... saiu... Agora "Uma boa cantoria".... etc...
8. Muito bem... agora, eu vou dizer um título, que vai dar origem a uma escultura, que vai criar vida quando eu apitar... Então, vamos lá, primeiro montamos a escultura, ficamos congelados e, quando eu apitar, a escultura cria vida... Nossa primeira escultura vai ser: "O estranho mundo que se mostra às crianças", foi... montou, entra um por um... ficou, congelou, fica (apito), agora, ganhou vida... podem se relacionar, usar a voz, se locomover pelo espaço... vou apitar de novo e voltamos a ser escultura... Isso! Agora, vamos

desmontar essa escultura na ordem de entrada: o primeiro a entrar vai ser também o primeiro a sair... foi! Vejam como a imagem vai se transformando... (fazer várias vezes, com vários títulos para as novas "esculturas").

9. Dividir o grupo em três subgrupos, para explorar os conceitos de gesto ilustrativo, gesto enfático e gesto sintético. Distribuir o texto do final do capítulo 3, do item "corpo" que fala sobre isso. Cada grupo conversa, entre si, sobre esses conceitos.
10. Passar pequeno filme de animação. Cada grupo vai reproduzir depois, corporalmente, o filme, explorando só um tipo de gestos, sem usar a voz. Um grupo se apresenta só usando os gestos ilustrativos, outro grupo se apresenta usando só gestos enfáticos e o terceiro grupo se apresenta usando só gestos sintéticos. Usar música instrumental de fundo.
11. Os grupos voltam a trabalhar... agora, cada grupo vai contar, coletivamente (uma parte da história para cada participante do grupo), a história do filme, usando todo tipo de gesto e incluindo a voz para narrar e pequenos instrumentos para sonoplastia.
12. Para finalizar, colocar no meio da sala um grande tecido, colocar música alta, trechos de música de vários estilos musicais... o primeiro grupo entra: todos os componentes, cada um segurando uma parte do tecido, vão se movimentar usando coletivamente o tecido e obedecendo ao ritmo da música. O professor vai trocando os grupos, até todos terem feito o exercício.
13. Avaliação da aula: o que foi bom para você como contador e o que não foi?

## *Para ajudar na seleção do material:*

1. Filmes de animação recomendáveis: *O melhor de Anima Mundi* – 6 volumes (Estúdio Anima Mundi).
2. CD´s para a aula: *Cantos de todos os cantos* (Heloisa Prieto e Magda Pucci, ed. Companhia das Letrinhas); *Músicas daqui, ritmos do mundo* (Zezinho Mutarelli & Gilles Eduar, distribuição Lua Music).
3. Instrumentos para sonoplastia: chocalhos, apitos, tambores, pratos, sanfonas, tampas de panelas velhas, pau de chuva, pandeiro, agogô, reco-reco, xilofone, triângulo, tamborim, peneira com bolinhas de gude, conchas enfiadas num barbante, guizos, latinhas com pedrinhas, sementes ou grãos, língua de sogra, corneta, pauzinhos de madeira, cocos, etc.

# 4 Um olhar estético

capítulo 15

# Contar histórias, uma arte maior

Contar histórias pode ser uma sinfonia. Desde que nesta sinfonia, orquestrada com palavras, entrem todos os instrumentos: do sopro da respiração ao metal da voz; do dedilhar do corpo ao ribombar do olhar.

Contar histórias pode ser uma opereta. Desde que nesse gênero cênico do conto as partes embaladas pelo ritmo da fala se alternem com o que se narra com alma.

Contar histórias pode ser uma dança coreográfica. Desde que nesta sequência de palavras com corpos e de corpos com palavras se esteja inteiramente comprometido com a melhor maneira – e nunca a única – de se expressar o coração da palavra. E que a fala, os movimentos, passos e gestos estejam associados à emoção e, claro, à plasticidade.

Contar histórias, na verdade, é a união de muitas artes: da literatura, da expressão corporal, da poesia, da música, do teatro... Não há como ignorar esse quê de performático do contar histórias. Ainda que o foco maior seja apenas a voz e o texto, projetados no espaço para atingir uma plateia. A utilização apenas desses dois elementos, voz e texto, por si só já bastaria para caracterizar o cênico e o dramático.

Mas a palavra merece mais do que um espetáculo. A palavra na boca de quem conta é o próprio espetáculo se, com isso, extrapolar-se a noção de cartilha. Se, para isso, o narrar, o comunicar, o dialogar, o atingir outrem, o suspender o tempo, o emocionar, estiverem conjugados de modo a transformarem um texto em objeto duplamente estético. Estético na escrita, estético na passagem para a oralidade. Impacto estético antes, durante e depois!

As palavras contadas, então, adquirem um aspecto melódico, rítmico, visual; trazem, no jeito com que foram ditas, uma concretude que faz o outro ver o que se narra. As palavras contadas surgem prenhes de intenção, força, emoção. As palavras contadas querem dizer muito mais do que dizem em sua camada fônica.

Então, o que é necessário para que o contar histórias seja arte ao alcance de quem deseja fazê-la? Extrapolar as amarras do didático, do exemplar e do mero informativo. Saltar da obrigação de ensinamento para a noção de fruição, de prazer estético, de embelezamento da conversa trocada através de uma história, do exercício de linguagem que procura a forma adequada para dizer-se de si mesmo.



Mas duvido que uma história bem contada não produza ecos no ouvinte! Ecos que se prolongam para além do momento do narrado. Essas marcas, visíveis e invisíveis, nem sempre se podem perceber no calor da hora. Quem ouve uma história quer sempre ser atingido, de alguma forma quer ser atingido. Quem conta, quer igualmente experimentar o poder da palavra (não sejamos hipócritas!), o poder do encantamento e o poder do vice-versa: marcar e ser marcado! Estamos falando de uma arte que se faz, num momento específico, irrepetível, e de uma arte do que fica, para o depois do acabado! Contar, então, é também a arte da reverberação!



E quem é que dá esse *status* de arte, tão cutânea, ao contar história? A dignidade de quem conta, ao lidar com a palavra, sua ou do outro. A ética de quem conta, ao usar esse instrumento de sedução, tão aberto aos mecanismos de manipulação. Não é o carimbo da biblioteca, nem a exposição na prateleira dos livros de arte da livraria, nem o lugar fixo entre as dissertações e as teses universitárias (e nós nem ao menos temos uma crítica especializada no assunto!) que garantem o lugar de arte para o contar histórias. É o fazer "in vivo" (que é mais que "in loco"), que é este fazer que permite quase tocar o texto com as mãos, quase roçar nos olhos do ouvinte com a história, quase apresentar as infinitas possibilidades de leitura de um texto. A arte do contar histórias opera, antes, com a noção de sugestão, de esboço. Nenhum contar é definitivo e pronto e acabado. Toda história contada oralmente é, antes de tudo, uma obra em processo, que precisa do outro para ser completada.

Mas não basta boa intenção para fazer arte. A arte de contar exige um fazer anterior, um preparo, um domínio prévio, um conhecimento, estudo, ensaio, profundidade. E é, evidentemente, exercício de longo prazo. A arte de contar histórias é também a arte de não fazer concessões: contar bons textos, contar tendo preparado, contar para ir além do que se conta. No mínimo, técnica e emoção. Técnica e repertório. Na ordem que se preferir!

Mas, agora, deixemos de lado essa noção de hierarquia (aliás, quem pode dizer o que é maior e o que é menor em arte?). Maior deve ser aquilo que você faz por inteiro. Menor pode ser aquilo que se faz de qualquer jeito, sem compromisso, sem entrega. Maior tem sido a maneira como o contar histórias tem aberto caminho nesses novos tempos de vida tumultuadamente urbana, overdose de mídia eletrônica e pressa das linguagens de videoclipes. Maior será sempre essa soma pessoal e social que o contar proporciona cada vez que uma biblioteca se abre para a hora do conto e a literatura viva como projeto e não como evento, que um professor conta histórias na sua sala de aula, sem preocupações didáticas, que os teatros ou outros espaços permitem ocupações menos espetaculares, que uma família se reúne para simplesmente trocar histórias. Prefiro pensar que o contar é arte para ver, ouvir, sentir; arte para um fazer coletivo; arte para ser. De uma coisa estou certo: contar histórias emancipa tanto quem conta, quanto quem ouve. O sujeito ouvinte e o sujeito leitor. E isso já não basta?!

Dica do capítulo

Todo contador de histórias deve desenvolver o costume de autoavaliar suas atuações, ao final de uma apresentação, para crescer com elas. Aqui vai um exemplo de como encaminhar esse momento tão importante:

## Autoavaliação

Contador:

Histórias narradas:

Tempo de duração (satisfatório ou longo?):

Pontos positivos da sua contação:

Pontos negativos da sua contação:

Melhorias a fazer na sua apresentação:

capítulo 16

# Contar histórias é fazer arte!

Ouvir uma história narrada oralmente pode ser uma experiência inesquecível! Mas isso não quer dizer necessariamente que seja uma boa experiência. Pode ser. Ou não! E, quando é, os sinais são sempre aparentes: nos arrebata de tal forma, que ainda ficamos imersos na história por muito tempo; no clima que ela despertou, na situação que ela fez aparecer, revivendo um pedaço ou outro, tocando os personagens com mãos invisíveis, nos deliciando com a resolução do conflito, com a emoção correndo por dentro, como se fosse um riachinho interminável! Isso sem falar que a voz do narrador ficará por muito tempo ecoando nos nossos labirintos escondidos! E não só a voz, os gestos também! É assim, creia!

Isso só acontece porque há aí uma conjugação de fatores do mais alto nível: escolha acertada, texto trabalhado de forma aprofundada, apropriação do texto, ensaio, experimentação, preocupação estética, priorização da comunicação com o público, sinceridade no narrar, plasticidade, pessoalidade, domínio dos tempos e dos ritmos do narrar.

Não é esta uma experiência ingênua e simplória, já se vê. E muito menos uma experiência para ser completada com a rapidez dos tempos cotidianos ou escolares! Exatamente porque contar histórias é uma arte milenar; uma arte performativa, muito complexa; exige-nos competências linguísticas e paralinguísticas; exige-nos uma sensibilidade exercitada e aprimorada; exige-nos uma destreza cênica (no sentido de colocarmo-nos espacialmente diante do outro; de conduzir conscientemente a mobilidade espacial, de atrair o foco de atenção para nós e, através de nós, para a história) – coisas que ultrapassam qualquer exercício fortuito de sala de aula.

Até podemos começar esse caminho impulsionados pelo desejo de sermos úteis aos nossos alunos, em sala de aula, mas isso é insuficiente! Claro que qualquer professor pode ser um contador de histórias, mas daí a transformar a narração da sala de aula num objeto artístico vai um longo caminho. E um caminho não invalida o outro. Pelo contrário, narrar para pequenos grupos e em espaço quase doméstico dá uma margem de experimentação e um jogo de cintura fundamentais para que se possa dar o salto que faltava. O salto que faltava pode ser percebido pelo envolvimento do público, pela antevisão das marcas que o momento provavelmente deixará nos ouvintes, pelo brilho nos olhos, pelo nível de imersão no mar das histórias. Sinais perceptíveis quase que de imediato!





Se a arte existe desde que há indícios do ser humano na Terra, as histórias também são narradas desde que o mundo é mundo! Mas a partir de que momento isso vira arte? Quando essas histórias visam mais do que veicular informações e préfigurar o mundo e preocupam-se em afetar o outro, isso já é o caminho da arte. É para afetar o outro que o narrador começa a tomar consciência de suas habilidades, de seus recursos e a manipulá-los em função da reação que deseja atingir. E, com isso, aprende a fazê-lo de modo a obter o melhor resultado possível.

Portanto, pensemos no conceito de arte, palavra de origem latina (*ars*) que significa técnica e/ou habilidade. A arte, entendida como atividade humana ligada a uma manifestação de ordem estética, é feita por um artista. Isso é o que nos interessa! O artista usa sua percepção, suas emoções, suas ideias para estimular essa mesma tomada de consciência nos seus espectadores. Mas é também a atribuição de significados, tanto pelo artista quanto pelo público, que vai fazer daquele objeto uma obra de arte. E essa atribuição também é um treino, também se cria, se forma, se forja, se desenvolve.

Por isso, é preciso treinar o público a ver arte na narração oral. A perceber a beleza da construção dos textos, a descobrir as diversas modalidades textuais, a perceber o trabalho autoral por trás das palavras, a perceber que uma história pode ser "armada" de inúmeras formas, a se deliciar com a maneira específica que cada autor tem de dizer as coisas, a descobrir como as experiências humanas podem ser diferentes das nossas e serem boas ou bonitas, a perceber que despertar o interesse e a atenção é uma habilidade também da história e do narrador, a notar como se pode atingir um alto nível de emoção em, apenas, conjugar-se texto, corpo, voz e força. Sim, porque a "força" é que faz toda a diferença!

Vamos chamar de força esse jeito especial de cada narrador oral narrar a sua história. Do contrário, estaríamos todos repetindo uns aos outros (o que já acontece, por outros motivos: não ter-se convertido num leitor; desconhecimento das técnicas literárias; pressa; falta de paciência em descobrir o seu próprio jeito de narrar; desejo de repetir o que deu certo com outro; preguiça de procurar as histórias adequadas a si, para construir o seu próprio repertório) sem nunca descobrirmos exatamente que tipo de narrador podemos e queremos ser.

Nessa arte não há como encurtar caminho! Mas esse jeito especial e pessoal de narrar também não quer dizer contar sempre do mesmo jeito toda e qualquer história! Isso é fazer pastiche! Se o narrador narra uma história sempre do mesmo modo, não importando se a história é de amor ou de terror ou de ação ou de mistério, ele está "pasteurizando" toda e qualquer história. Preste atenção!

Portanto, podemos até pensar em estilo, que é outra palavra sempre ligada à arte. O estilo é identificado pela "forma como a obra artística se mostra". A forma que a obra ganha, a configuração que adquire, confere-lhe um estilo. E confere também um estilo a seu criador. No caso da narração oral, há uma sobreposição de estilos: o que é dado pelo texto e o que é dado pelo narrador. Mas um narrador oral (e qualquer artista) precisa saber que sua obra só ganhará o *status* de arte se ele estiver atento aos fundamentos estéticos que sustentam sua obra (no caso, a narração oral). É, exatamente, sair do estado de ingenuidade em relação ao trato do texto, no tempo, no espaço e diante de um público, que faz com que um narrador oral ganhe consistência artística. Perceber que elementos estão em jogo, como manipulá-los e fazê-lo de forma harmônica, controlada e plástica – isso já é fazer arte. E se a obra atingir os sentidos do público para quem ela se dirige, ela será reconhecida.

Há, nesse reconhecimento, um aspecto que, muitas vezes, pode parecer óbvio ou pouco importante: ter atingido a qualidade da verdade. Não há nisso nenhum segredo místico ou religioso! Estamos apenas considerando que a narração oral precisa despertar no público uma noção de verdade, de que o narrador está sendo verdadeiro, natural e sincero, a fim de que a licença para a comunicação se estabeleça. Quando uma narração é muito artificial, caricatural, exagerada, o ouvinte não assina ou valida a permissão para o narrador encantá-lo!

O que estamos chamando de "ser verdadeiro" passa, necessariamente, por uma vivência sensorial, emocional, intelectual, que precisa ser trabalhada antes, até conseguir atingir o patamar da naturalidade. E cada história que se vai narrar é um caso isolado e específico.

Mas a arte tem uma função, sempre! O que acontece na narração escolar é que a função, muitas vezes, não é ser um objeto estético, é "ampliar" conteúdos programáticos, é servir de exemplo para comportamentos esperados, é servir de lição, é inibir o outro! Tudo isso que, claramente, significa um desvio da função da narração oral como arte. Mesmo que a função da arte mude ao longo do tempo, ela vai sempre resguardar para si uma forma de espelhar o mundo, de representar o cotidiano, de refazer a história, de apontar para a multiplicidade de "personas" que um único ser comporta. A função maior da arte não seria, então, ajudar a mapear o mundo e o próprio ser humano?

No fundo, o que o contador de histórias quer, e que deveria estar na essência da sua arte, é o poder de transformar a realidade. E uma história contada, de algum modo, tem potencialidade para realizar isso, uma vez que é veículo de ideias e pensamentos, os quais, ainda que não declaradamente, são compartilhados pelo narrador. Do contrário, ele não escolheria aquela história para contar.

O narrador oral vai moldar sua obra de arte segundo seus sentimentos, suas vontades, seus conhecimentos, suas ideias e, principalmente, suas fantasias e seu imaginário. Com isso, fica claro que a narração de uma história é já uma forma de leitura, uma maneira de interpretação pessoal e não única. Quanto mais uma história comportar uma multiplicidade de leituras, mais interessante ela pode ser. Quanto mais rico for o imaginário de um narrador, mais elementos ele vai poder dispor para trabalhar as suas narrações orais. Em última instância (ou em primeira), narrar uma história é também interpretar a vida. E interpretações estão sujeitas à validação do outro para ganharem legitimidade.

A arte envolve técnica, e técnica envolve consciência! É preciso saber o que está sendo feito! É preciso tornar-se apto a repetir! Não é um exercício de precisão, veja bem! É um exercício de busca da melhoria! Do aumento da expressividade, do aumento da beleza do texto e do corpo no espaço! Estamos diante de um uso artístico da literatura, que já é um uso artístico da palavra; ou seja, uma transposição para uma nova linguagem. Linguagem sobre linguagem.

Mas já que a arte é um fenômeno cultural, narrar histórias também é. E cada tempo tem suas regras, que não são nunca absolutas, porque significariam a morte da própria arte. E são os indivíduos, os grupos, os lugares, que em cada tempo escolhem como encarar esse fenômeno cultural.

De fato, nos últimos tempos, os contadores de histórias contemporâneos têm sido cada vez mais reconhecidos como agentes de cultura, como legítimos veiculadores da tradição e também da modernidade, como mantenedores de um acervo não só popular, mas também erudito; como catalisadores do processo de reconhecimento da cidadania; como seres necessários ao exercício de emancipação do sujeito; como peças fundamentais para o despertar da imaginação; como organizadores de memórias; como propiciadores do espaço para a convivência da fantasia e da poesia.

Visto de um amplo espectro, o contador de histórias, em sua totalidade, ao registrar as ideias e os ideais da cultura, dos grupos, das sociedades específicas, torna-se importante para a compreensão da história do homem e do mundo. Mas, sendo o contador de histórias também fruto da cultura em que vive, o que aparece como fundamento da sua arte é também capital social fornecido pela coletividade a que ele pertence. Portanto, coletividades distintas produzem obras de artes distintas. E, aqui, entra em jogo um elemento importante para qualquer sociedade: a moral que ela exerce. A força de coerção que o coletivo exerce sobre o sujeito também se repete numa história oral. O que isso quer dizer? Além de controle social, que as histórias estão impregnadas de ideologias, de sinais de comportamentos éticos esperados, de exemplos a serem seguidos, das consequências geradas pelos desvios, de permissões para a manifestação das diferenças, do mapeamento de caracteres humanos e até das possibilidades de uso criativo da própria língua.

No fundo, a literatura é só mais uma forma de observar a realidade. Mas o contador de histórias tem compromisso com a literatura, com a arte, consigo mesmo. E sua função é também impregnar o outro com a história, de história, com a sua história, somada à que ele, ouvinte, cria no momento em que ouve o contador.

O fato é: quanto mais o contador de histórias se qualifica como um artista da palavra, mais ele pode atingir o outro, mesmo na sala de aula!

A depor contra essa qualificação há a noção de espetacularidade gerada pelo cotidiano alçado ao patamar de arte. Então, tudo pode ser convertido em espetáculo. Sem que, para isso, esteja envolvida a busca frequente, o trabalho, a preparação, o ensaio, a excelência, mas apenas o desejo exibicionista da exposição.

A preparação de uma história requer técnica, criatividade e, também, conhecimento. Por mais que o contador de histórias utilize a história para comover, emocionar, conscientizar, o que ele busca provocar é o impacto. Mas o impacto também está diretamente ligado ao processo de entendimento. Se o público não alcança o entendimento do texto, a obra se dilui e, portanto, não se realiza. Isso quer dizer que o tratamento dado pelo contador a uma história também é elemento importante para o processo de entendimento público.

A obra de qualidade está também associada ao fato de o artista ter atingido um alto nível de conhecimento, de demonstrar uma grande capacidade técnica e de revelar originalidade na abordagem estilística. Portanto, um contador de histórias precisa desenvolver sua habilidade para transformar a narração oral em arte e capacitar-se para isso. O que é extremamente importante para o amadurecimento de seu próprio trabalho.

Há, ainda, um aspecto a considerar: a beleza que se pretende atingir com a arte. Um conceito tão vago e polêmico... Por mais individual que seja a percepção da beleza, ela sempre diz respeito a "o que é agradável aos sentidos".

Beleza, para o contador de histórias, diz respeito àquilo que é agradável de ver, ouvir, sentir, a partir da história que está sendo narrada. E tudo isso tem a ver com a qualidade do que ele apresenta: a qualidade do texto que narra, a qualidade da maneira como narra, a qualidade da força com que cativa o público, que é capaz de equacionar a beleza de uma narração oral detectando os elementos explorados pelo artista, suas técnicas, o resultado final obtido. Se a estética é fundamental numa obra de arte, isso também se aplica à narração oral. É ela que desencadeia a admiração das pessoas.

Também faz parte desse resultado final e, portanto, da noção de qualidade o equilíbrio das formas, os recursos usados, tanto pessoais quanto externos. O equilíbrio gera uma harmonia que, por sua vez, está relacionada à proporção e também à ordem. Proporção, na narração oral, é tempo, é ritmo, é manipulação do corpo de modo controlado, das pausas, dos silêncios para obtenção de uma forma. O contador de histórias precisa ter noção de que sua *performance* tem uma forma. E que essa forma não é externa e anterior, mas que é dada por ele. Não pode nunca ser uma forma aleatória, sem consciência e sem consistência, sem previsão alguma. Precisa ser uma forma bem definida. Quanto mais o contador definir para si essa forma, mais ele terá condições de controlar sua atuação.





E, por fim, voltemos à questão do valor. O reconhecimento de uma obra como obra de arte também não pode deixar de fora o outro. É ele quem vai atribuir valor ao que nós fazemos. É preciso a exposição pública para dimensionar o valor da obra. E esse valor também é dado pela maioria. No caso da narração oral, o valor emocional, o valor plástico e o valor social também contam muito. Mas uma obra também pode conter coisas novas (um jeito diferente de narrar, o uso de um elemento inusitado, a profundidade com que as palavras são ditas, etc.). Afinal, o que vale mesmo é a capacidade que a obra tem de gerar atração (que também é a capacidade que o artista tem de gerar atração). E atração pode ser conseguida pela motivação insuflada no público, por induzi-lo à reflexão, por provocar nele um enorme bem-estar, por desencadear o desejo de repetir a experiência. É isso tudo que torna uma obra valiosa!

*Dica do capítulo*

Para não perdermos a perspectiva da qualidade artística, é importante escolher textos de qualidade literária comprovada e legitimada. Apresentamos, no "Apêndice", algumas sugestões de títulos para compor uma biblioteca básica do contador de histórias, no âmbito do conto popular.

# 5 Um olhar amoroso

capítulo 17

# Contar histórias, a entrega

O momento que antecede à narração oral de uma história é um momento abismal. Regido pela lei do silêncio, represado por uma torrente de palavras ainda em estado de espera, o tempo imemorial quer ser tempo presente. As imagens vão se enfileirando, devagarzinho, na fantasia do narrador, para confeitá-lo com cores, cheiros e sabores. As palavras, em boca de quem conta história, têm peso, volume, forma. Transportam contador e ouvinte para outro lugar, acima deles mesmos. Pedem passagem! Clamam por libertação e querem todas as direções por onde possam se multiplicar: outros olhos, outros corpos, outros subterrâneos.



Nesse instante que precede a narração de um conto, as palavras estão em suspensão. E, ao menor sinal, elas atravessarão a ponte que vai erguer-se entre o sentir e o dizer, quando, então, infladas de emoção, puxarão umas às outras para criarem a roda dos sentidos, a roda do mundo, a roda da vida, que é também a ciranda das histórias.



No grande mapa que desenham, as palavras tramam os fios da história, tecem os continentes por onde pisarão os pés dos que ouvem, o narrador inclusive, e convidam à proximidade. De perto, é possível enxergar as veias das palavras, as teias da história, as vigas-mestras que vão colocando em pé a construção narrativa, que sobe rapidamente em direção ao céu do sem-fim da fantasia! De ponte, as palavras metamorfoseiam-se em portas e, então, fazem as honras da casa e nos conduzem aos aposentos dessa construção vaporosa para que, sobre nós, repousem, de asas abertas, os fragmentos de vidas.

Assim, palavras, abertas em pétalas, começam a fundar o mundo. Ofertam-se cheias de olhos, de corpos tácteis que, nesse momento, estão ao alcance das mãos. Exalam um perfume que é único, mas que pode durar para muito além do silêncio. Palavras contadas misturam-se ao solo fértil da audiência e fazem brotar, pelo fogo de que são provenientes, a luz das histórias adormecidas. Lá, no escondido do outro, palavras vão se cruzando com mundos insuspeitados, estabelecendo vínculos invisíveis, fazendo nascer escamas multicores, paramentando o espaço e o tempo mágico de quem conta e de quem ouve.

E a história, se igualada à respiração, jorra finalmente levando, de forma decifrável, o contador até aqueles que o espreitam na intimidade da entrega. Por sua boca falam os xamãs, as pítias, o jurupari dos índios, todos os espíritos reveladores. No seu corpo, vai se consagrando a palavra convertida em oráculo, prenunciando que é na clara luz dos olhos que uma história se revela.





Diante do olhar ávido, que tanto mais vê quanto mais ouve, o contador exorta o aparecimento de outros mundos, conclamando o ouvinte a completar aquilo que é apenas esboço, silhueta e contorno. Há enredos de quarentena querendo passar. Há quem comece a viver apenas pela menção do nome. As histórias fazem aparecer, das palavras, o universo. E o contador de histórias, moldando figuras na articulação da voz, deixa escapar os habitantes de uma grande arca, para que façam morada nos terrenos vizinhos. Mas os novos habitantes só estarão realmente livres quando completados pela porção de seus novos donos, os ouvintes.

Na história refletida no contador, em sua maneira de dizer o que muito já reverberou dentro de si, a voz e o corpo brincam, pousam aqui e ali, exploram detalhes, dão existência ao insuspeitado, fazem saltar no ar a vida que transborda de tudo.

O olhar do outro também vai filtrando toda essa emoção. Regula a força da história que lhe contam, sussurra com o silêncio da escuta. O olhar do outro também desenha mar revolto, montanha escarpada, perseguição alada. O tapete da história pode, enfim, depositar quem ouve aos pés de si mesmo.

Pelos artifícios da palavra contada, escapam mesmo aquelas palavras que se queriam prisioneiras. Com nova cor e novo brilho, palavras convertem-se em pedras preciosas. E quem ouve deixa-se invadir, oferece sua boca como baú, seus olhos como receptáculo, seu corpo como relicário. O ouvinte converte-se no tesouro da história.

Depois da história vem, finalmente, a trégua. Os exércitos de palavras deixarão de chegar em bandos inumeráveis e, então, será tempo de olhar ao redor: trigo, flor, paina, riacho e arco de luz. Em densas nuvens, estarão levitando minúsculos seres, imantando o ar, para que, grudados a todos, nenhum ouvinte fique sozinho.

Equilibrando-se nos gestos do contador, ficarão astros inventados, estrelas acesas com sopro de ar, habitantes de outros firmamentos. Na poeira cósmica da história contada, no rastro luminoso que cruza os ares como um risco, terá o contador firmado um pacto de palavras com outros corações. Mas todos, agora, serão cúmplices da vida que se levanta do mínimo, da torrente de abraço contida nas palavras, do brinde proposto numa história. A história que acaba de ser libertada agora é de muitos e vai ecoar na imensidão ardente das outras histórias.



*Dica do capítulo*

Propor ao grupo a realização de uma sessão de contos. Para ligar uma história à outra, cada contador deve escolher um pequeno poema que tenha a ver com o tema da história que vai contar. O contador que acabou de contar a história introduz a história do próximo, dizendo o poema que o outro escolheu... Os poemas serão os elos entre as histórias...

# Apêndice

# Biblioteca básica do contador de histórias (contos tradicionais e populares)

AFANASIEV, Aleksandr (org.). **Contos de fadas russos** (3 vols). São Paulo, Landy, 2002.

AGBOTON, Agnès. **Na mitón:** la mujer en los cuentos y leyendas africanos. Barcelona, RBA Integral, 2004.

ALMEIDA, Aluísio. **Contos do povo brasileiro**. São Paulo/Rio de Janeiro/Petrópolis, Vozes, 1949.

ALMODÓVAR, Antonio R. **Cuentos al amor de la lumbre** (2 vol.). Madrid, Alianza Editorial, 1999.

ANDERSEN, Hans Christian. **Contos de Andersen**. Rio de Janeiro: Paz e Terra, 1981.

ANDRADE E SILVA, Waldemar de. **Lendas e mitos dos índios brasileiros**. São Paulo, FTD, 1997.

ARAÚJO, Alceu Maynard. **Folclore Nacional** (2 vol.) São Paulo, Melhoramentos, 1964.

ARAUJO, Alceu Maynard; TABORDA, Vasco José. **Antologia ilustrada do folclore brasileiro** (8 vols.). São Paulo, Literart, s.d.

ASBJORNSEN, Peter Christen; MOE, Jorgen (sel). **Contos populares noruegueses**. São Paulo, Landy, 2003.

AZEVEDO, Ricardo. **Histórias folclóricas de medo e de quebranto**. São Paulo, Scipione, 1996.

_____. **Meu livro de Folclore**. São Paulo, Ática, 1997.

_____. **Armazém do Folclore**. São Paulo, Ática, 2000.

_____. **No meio da noite escura tem um pé de maravilha**: contos folclóricos de amor e aventura. São Paulo, Ática, 2002.

_____. **Contos de enganar a morte**. São Paulo, Ática, 2003.

_____. **Maria Gomes**. São Paulo, Scipione, 1990.

_____. **Roberto do Diabo**. São Paulo, Scipione, 1988.

_____. **A moça, o gigante e o moço**. São Paulo, Studio Nobel, 1994.

BADOE, Adwoa. **Histórias de Ananse**. Trad. Marcelo Pen. São Paulo, Edições SM, 2006.

BARBOSA, Rogério Andrade. **Contos africanos para crianças brasileiras**. São Paulo, Paulinas, 2004.

_____. **Bichos da África**: lendas e fábulas. 4 volumes (4ª ed.). São Paulo, Melhoramentos, 1997.

_____. **Histórias africanas para contar e recontar**. São Paulo, Editora do Brasil, 2001.

_____. **Contos de encantos, seduções e outros quebrantos**. Rio de Janeiro, Bertrand Brasil, 2005.

_____. **Três contos da sabedoria popular**. São Paulo, Scipione, 2005.

_____. **Outros contos africanos para crianças brasileiras**. São Paulo, Paulinas, 2006.

BENEDEK. Elek. **O mundo dos contos e lendas da Hungria**. São Paulo, Landy, 2002.

BATT, Tanya Robin. **O tecido dos contos maravilhosos**: contos de lugares distantes. Trad. Waldéa Barcellos. São Paulo, WMF Martins Fontes, 2010.

BENNETT, William J. **O livro das virtudes** (2 vols). Rio de Janeiro, Nova Fronteira, 1996.

BLOOM, Harold. **Contos e poemas para crianças extremamente inteligentes de todas as idades** (4 vols). Rio de Janeiro, Objetiva, 2003.

BOFF, Leonardo. **O casamento entre o céu e a terra**: contos dos povos indígenas do Brasil. Rio de Janeiro, Salamandra, 2001.

BRAGA, Teófilo. **Contos tradicionais do povo português**. Lisboa: Dom Quixote, 2 v.

BRAZ, Júlio Emílio. **Sikulume e outros contos africanos**. Rio de Janeiro, Pallas, 2005.

BRENMAN, Ilan. **Contador de histórias de bolso**: África. São Paulo, Moderna, 2008.

_____. **Contador de histórias de bolso**: Rússia. São Paulo, Moderna, 2009.

_____. **Contador de histórias de bolso**: Grécia. São Paulo, Moderna, 2009.

_____. **Contador de histórias de bolso**: China. São Paulo, Moderna, 2009.

_____. **As 14 pérolas da Índia**. São Paulo, Brinque-Book, 2008.

_____. **As 14 pérolas budistas**. São Paulo, Brinque-Book, 2010.

_____. **As 14 pérolas da sabedoria judaica**. São Paulo, Brinque--Book, 2011.

_____. **As narrativas preferidas de um contador de histórias**. São Paulo, Landy, 2005.

BOMSUCCESSO, Doutor. **Fábulas. Rio de Janeiro**, Companhia Impressora, 1895.

CALVI, Gian. **João e o pé de feijão**. Petrópolis, Autores & Agentes & Associados, s.d.

CALVINO, Italo. **Fábulas italianas**. São Paulo: Companhia das Letras, 1994.

CAMIGLIERI, Laurence et al. **As mais belas lendas da Idade Média**. São Paulo, Martins Fontes, 2001.

CASCAES, Franklin. **O fantástico na ilha de Santa Catarina** (5ª ed.). 2 vols. Florianópolis, Editora da UFSC, 2003.

CASCUDO, Luís da Câmara. **Contos tradicionais do Brasil**. São Paulo, Global, 2003.

_____. **Lendas brasileiras**. São Paulo, Global, 2003.

_____. **Os compadres corcundas e outros contos brasileiros**. Rio de Janeiro, Ediouro, 1997.

CHAUCER, Geoffrey. **Os contos de Cantuária**. Trad. Paulo Vizioli. São Paulo, T.A.Queiroz, 1988.

CHINDLER, Daniela. **A onça e a cabaça**. São Paulo, Paulinas, 1998.

CORONADO, Marta Muñoz (editor). **Como surgiram os seres e as coisas** (7ª ed). São Paulo, Ática, 1998 (coleção Co-edição Latino-americana).

COSTA, Flávio Moreira da. **Os grandes contos populares do mundo**. Rio de Janeiro, Ediouro, 2005.

CROKER, T. Crofton et al. (sel.). **Nós acreditamos em duendes e outros seres encantados**: contos de fadas e lendas populares da Irlanda (2 vls.) São Paulo, Landy, 2001.

CROSSLEY-HOLLAND, Kevin. **Contos de fada, fantasma e magia**. São Paulo, Cia. das Letrinhas, 2003.

CUNHA, Carolina. **Caminhos de Exu**. São Paulo, Edições SM, 2005.

_____. **Eleguá**. São Paulo, Edições SM, 2007.

_____. **Yemanjá**. São Paulo, Edições SM, 2007.

_____. **Aguemon**. São Paulo, Martins Fontes, 2002.

ÉBOLI, Terezinha. **A lenda da lua cheia**. Rio de Janeiro, Ediouro, 1997.

ESOPO. **Fábulas**. São Paulo, Martin Claret, 2004.

ESTERL, Arnica. **As mais belas histórias das mil e uma noites**. Tradução de Alexandre Flory. São Paulo, Cosac Naify, 2007.

ÉVANO, Brigitte. **Contos e lendas do Egito Antigo**. Trad. Eduardo Brandão. São Paulo, Cia. das Letras, 1998.

FAGUNDES, Antonio Augusto. **Mitos e lendas do Rio Grande do Sul**. Porto Alegre, Martins Livreiro, 1992.

FERRARI, Florencia. **Palavra cigana**: seis contos nômades. São Paulo, Cosac Naify, 2005.

FERAUD, Marie (sel. e adap.). **Contos africanos**. Trad. António Manuel Couto Viana et ali. Lisboa, São Paulo, Verbo, 1977.

FITTIPALDI, Ciça. **Série Morena** (9 vols. mitos e lendas indígenas). São Paulo, Melhoramentos, 1986.

FRANCHINI, A. S.; SEGANFREDO, Carmem. **As melhores histórias da mitologia africana**. Porto Alegre, Artes e Ofícios. 2008.

FURTADO, Antonio L. **Mitos e lendas**: heróis do Ocidente e do Oriente – histórias da Antiguidade e da Idade Média. Rio de Janeiro, Nova Era, 2006.

GAJU, Mercedes (dir.) **Contos de lugares encantados**. São Paulo, Ática, Co-Edição Latino-Americana, 1992.

GAY-PARA, Praline. **O príncipe corajoso e outras histórias da Etiópia**. Trad. Luciano Loprete. São Paulo, SM, 2007

GENDRIN, Catherine; CORVAISIER, Laurent. **Volta ao mundo dos contos nas asas de um pássaro**. Trad. Heitor Ferraz Mello. São Paulo, Edições SM, 2007.

GOMES, Lindolfo. (2 vols.) **Contos populares**. São Paulo, Melhoramentos, s.d.

GOMES, Lenice; MORAES, Fabiano. **Histórias de quem conta histórias**. Ilustrações de Ciça Fittipaldi. São Paulo, Cortez, 2010.

GONZÁLES, Neide T. Maia (adap.) **Contos e lendas de amor** (3ª) . São Paulo, Ática, Co-edição Latino-Americana, 1997.

GRIMM, Jacob; GRIMM, Wilhelm. **Contos de fadas** (obra completa). Belo Horizonte: Vila Rica, 1994.

GRUPO CONFABULANDO. **Pode entrar, Dona Sorte**. Rio de Janeiro, Rocco, 2003.

GUEDES, Hardy. **Coleção Lendas Paranaenses** (5 vols). Curitiba, HGF, 1997.

GUIMARÃES, Ruth. **Lendas e fábulas do Brasil**. São Paulo, Círculo do Livro, 1989. (col. clássicos da infância).

HAASE FILHO, Pedro. **Coletânea lendas gaúchas** (5 vols). Porto Alegre, Zero Hora, 2000.

JACOBS, Joseph (org.). **Contos de fadas indianos**. Trad. de Vilma Maria da Silva. São Paulo, Landy, 2001.

_____. **Contos de fadas celtas**. Trad. Inês A. Lohbauer. São Paulo, Landy, 2002.

_____. **Contos de fadas ingleses**. Trad. de Inês A. Lohbauer. São Paulo, Landy, 2002.

JOUVE, Franck. **A floresta** – mitos e lendas. Trad. de Ana Maria Machado. São Paulo, Ática, 1998.

JUNQUEIRA, Sonia. **Coleção Baú de histórias** (11 vols). São Paulo, Atual, 1996.

KÜSS, Daniele, TORTON, Jean. **A amazônia** – mitos e lendas. Trad. de Ana Maria Machado. São Paulo, Ática, 2004.

LACERDA, Nair. **Lendas do mundo inteiro**. São Paulo, Círculo do Livro, 1989. (col. clássicos da infância).

_____. **Fábulas do mundo inteiro**. São Paulo, Círculo do Livro, 1989. (col. clássicos da infância).

_____. (sel.) **Maravilhas do conto popular**. São Paulo, Cultrix, MCMLVIII.

LAGO, Angela. **Sua Alteza, A Divinha**. Belo Horizonte: RHJ, 1991.

_____. **Sete histórias para sacudir o esqueleto**. São Paulo, Cia. das Letrinhas, 2002.

LA FONTAINE, Jean de. **Fábulas**. Trad. Ferreira Gullar. Rio de Janeiro, Revan, 1997.

LA FONTAINE, Jean de. **Fábulas de La Fontaine**. BH/RJ: Vila Rica, 1989.

LANG, Andrew. **The yellow fairy book**. New York, Dover Publications, s.d.

LISBOA, Henriqueta. **Literatura oral para a infância e a juventude**. São Paulo, Peirópolis, 2002.

LISPECTOR, Clarice. **Como nasceram as estrelas**: doze lendas brasileiras. Rio de Janeiro, Nova Fronteira, 1987.

LOBATO, Monteiro. **Histórias de Tia Nastácia**. São Paulo: Brasiliense, 1996. (1ª reimpressão).

MACHADO, Ana Maria. **Um herói fanfarrão e sua mãe bem valente**. São Paulo, Ática, 1994 (um conto popular da Finlândia).

_____. **O touro da língua de ouro** (conto popular da Jamaica). São Paulo, Ática, 1994.

_____. **Os dois gêmeos** (conto popular do Canadá). São Paulo, Ática, 1995.

_____. **Histórias à brasileira** (3 vols.) São Paulo, Cia. das Letrinhas, 2004.

MACHADO, Regina. **O violino cigano e outros contos de mulheres sábias**. São Paulo, Cia. das Letras, 2004.

_____. **Nasrudin**. São Paulo, Cia. das Letrinhas, 2001.

MANDELA, Nelson (sel.). **Meus contos africanos**. Tradução de Luciana Garcia. São Paulo, Martins Fontes, 2009.

MARIANO, Regina (org.). **Histórias da carochinha** (3 v.). São Paulo, Ática, 1986.

MARTINS, Adilson. **O papagaio que não gostava de mentiras e outras fábulas africanas**. Rio de Janeiro, Pallas, 2008.

_____. **Erinlé, o caçador e outros contos africanos**. Rio de Janeiro, Pallas, 2008.

_____. **Lendas de Exu**. Rio de Janeiro, Pallas, 2008.

MARTINS, Maria Luísa Soriano. **Contos árabes para jovens de todos os lugares**. São Paulo, Alis, 2002.

MHLOPHE, Gcina. **Histórias da África**. Trad. Jaci Maraschin. São Paulo, Paulinas, 2007.

MINDLIN, Betty. **O primeiro homem e outros mitos dos índios brasileiros**. São Paulo, Cosac Naify, 2001.

MONTEIRO, Walcyr. **Visagens, assombrações e encantamentos da Amazônia** (vários números). ANO VI, nº 13, fevereiro, 2004.

MORAES, Antonieta Dias de. **Contos e lendas de índios do Brasil** (4ª ed.) São Paulo, Ed. Nacional, 1985.

MOUTINHO, J. Viale (org.). **Contos populares de Angola: folclore quimbundo** (4ª ed.). São Paulo, Landy, 2002.

MUNDURUKU, Daniel. **As serpentes que roubaram a noite**. São Paulo, Peirópolis, 2001.

_____. **Histórias que eu ouvi e gosto de contar**. São Paulo, Callis, 2004.

_____. **Histórias que eu vivi e gosto de contar**. São Paulo, Callis, 2006.

_____ . **Catando piolhos, contando histórias**. São Paulo, Brinque Book, 2006.

_____. **Outras tantas histórias indígenas de origem das coisas e do universo**. São Paulo, Global, 2008.

_____. **A caveira rolante, a lesma e outras histórias indígenas de assustar**. São Paulo, Global, 2010.

_____. **Como surgiu**: mitos indígenas brasileiros. São Paulo, Callis, 2011.

NINA, A. Della (coord.) **Enciclopédia Universal da Fábula** (26 vols.). São Paulo, Editora das Américas, 1958.

OSÓRIO, Ana de Castro. **Contos tradicionais portugueses para as crianças**. Lisboa, Instituto Piaget, 1997.

_____. **Branca-Flor e outros contos**. Organização de Bartolomeu de Campos Queirós. São Paulo, Peirópolis, 2007.

PADILHA, Viriato. **Histórias do arco da velha**. Rio de Janeiro, Livraria Quaresma, 1959.

PEDROSO, Consiglieri. **Contos populares portugueses**. São Paulo, Landy, 2001.

PÉREZ, José A. Sánchez. **Cien cuentos populares españoles** (5ª ed.). Barcelona, José J. De Olañeta Editor, 2000.

PERRAULT, Charles. **Contos**. Lisboa: Estampa, 1977.

_____. **Contos de fadas**. Trad. Monteiro Lobato. São Paulo, Companhia Editora Nacional, 2002.

PESSÔA, Augusto. **Felizes para sempre**. Rio de Janeiro, Rocco, 2003 (col. E quem quiser que conte outra...)

PHILIP, Neil. **Volta ao mundo em 52 histórias**. São Paulo: Companhia das Letrinhas, 1998.

PIMENTEL, Figueiredo. **Contos da Avozinha.** Rio de Janeiro: Belo Horizonte: Garnier, 1992.

_____. **Contos da Carochinha**. Rio de Janeiro, Livraria Garnier, 1992.

PINGUILLY, Yves. **Contos e lendas da África**. São Paulo, Companhia das Letras, 2005.

PROFESSORES Indígenas do Acre (org). **Shenipabu Miyui**: história dos antigos. Belo Horizonte, UFMG (2ª edição revista), 2000.

PONTES, José M. (dir.) **Panorama de Belas Estórias** (4 vols.). São Paulo, Formar, s.d.

POSADA, Maria Candelária (ed.) **Contos populares para crianças da América Latina**. São Paulo, Ática, Co-edição Latino-americana, 1997.

PRANDI, Reginaldo. **Mitologia dos orixás**. São Paulo, Cia. das Letras, 2001.

_____. **Contos e lendas afro-brasileiros**: a criação do mundo. São Paulo, Companhia das Letras, 2007.

_____. **Os príncipes do destino**: histórias da mitologia afro-brasileira. São Paulo, Cosac Naify, 2001.

_____. **Ifá, o adivinho**: histórias dos deuses africanos que vieram para o Brasil com os escravos. São Paulo, Cia. das Letrinhas, 2002.

_____. **Xangô, o trovão**: outras histórias dos deuses africanos que vieram para o Brasil com os escravos. São Paulo, Cia. das Letrinhas, 2003.

_____. **Oxumarê, o arco-íris**: mais histórias dos deuses africanos que vieram para o Brasil com os escravos. São Paulo, Cia. das Letrinhas, 2004.

PRIETO, Heloisa. **Lá vem história**: contos do folclore mundial. São Paulo, Cia das Letrinhas, 1997.

_____. **Lá vem história outra vez**: contos do folclore mundial. São Paulo, Cia das Letrinhas, 1997.



RAMOS, Arthur. **O folclore negro do Brasil** (3ª Ed.) São Paulo, WMF Martins Fontes, 2007.



RAVASSA G., Maria del Mar (org). **Contos de piratas, corsários e bandidos**. São Paulo, Ática, Co-edição Latino-americana, 1991.

REGO, José Lins do. **Histórias da velha Totônia**. São Paulo, Melhoramentos, sd. (Histórias do folclore, nº 6).

RHIJN, Patrícia van (ed.). **Contos de animais fantásticos**. São Paulo, Ática, Co-edição Latino-americana, 1988.

RINK, Henry. **Cuentos y leyendas esquimales**. Madrid, Miraguano, 2001.

RINPOCHE, Jayang (sel). **Contos populares do Tibete**. São Paulo, Landy, 2000.

ROCHA, Ruth. **O velho, o menino e o burro & outras histórias caipiras**. São Paulo, FTD, 1991 (col. Era outra vez).

_____. **Histórias das mil e uma noites**. São Paulo, FTD, 1991.

ROLLESTON, T. W. **Guia ilustrado da mitologia céltica**. Trad. Maria José Figueiredo. Lisboa, Editorial Estampa, 1993.

ROMANELLI, Edgard (adap). **O burro e o sal**. São Paulo, Moderna, 1997.

ROMERO, Sílvio. **Contos populares do Brasil**. Belo Horizonte: Itatiaia; São Paulo: EDUSP,1985.

ROSÁRIO, Lourenço do. **Antologia do conto africano de transmissão oral**. Alfragide, Gailivro, 2009.

SALERNO, Silvana. **Viagem pelo Brasil em 52 histórias**. São Paulo, Cia. das Letrinhas, 2006.

SAMANIEGO, Félix María. **Fábulas** (13ª). Madrid, Espasa Calpe, 2000.

SANTOS, Joel Rufino dos. **Gosto de África**: historias de lá e daqui. São Paulo, Global, 1999.

SAVAGET, Luciana. **Sua majestade, o elefante**: contos africanos. São Paulo, Paulinas, 2006.

SIERRA, Ione Maria Artigas de. **Contos, mitos e lendas para crianças da América Latina**. São Paulo, Ática, 1986.

SHAH, Amina (adap.) **Contos da Arábia** (3 vols.). São Paulo, Kadyc Editorial, 1998.

SILVA, Fernando Correia da. **Maravilhas do conto africano**. Trad. de Maria Adelaide Baptista Nunes. São Paulo, Cultrix, 1962.

_____. **Contos africanos**. Trad. de Maria Adelaide Baptista Nunes. Rio de Janeiro, Ediouro, s.d.

SIMÕES, Maria do Socorro; GOLDER, Christophe (coord.) **Santarém conta...** **Belém**, CEJUP, Universidade Federal do Pará, 1995.

_____, _____. **Belém conta... Belém**, CEJUP, Universidade Federal do Pará, 1995.

_____, _____. **Abaetetuba conta... Belém**, CEJUP, Universidade Federal do Pará, 1995.

SISTO, Celso. **Mãe África**: mitos, lendas, fábulas e contos. Ilustrações do autor. São Paulo, Paulus, 2007.

_____. **Lebre que é lebre não mia**. São Paulo, Larousse, 2007.

_____. **Vozes da floresta**. Ilustrações de Mateus Rios. São Paulo, Cortez, 2011.

_____. **Ururau, praga e pica-pau**. Ilustrações de Graça Lima. São Paulo, Scipione, 2006.

SOLER-PONT, Anna. **O príncipe medroso e outros contos africanos**. Trad. Luis Reyes Gil. São Paulo, Cia. das Letras, 2009.

SPENCE, Lewis. **Guia ilustrado da mitologia norte-americana**. Trad. Ana Rita Oliveira. Lisboa, Editorial Estampa, 1993.

SUGOBONO, Nahuel. **Leyendas, mitos, cuentos y otros relatos Kayapó de la selva amazónica**. Buenos Aires, Longseller, 2005.

SUNNY. **Ulomma**: a casa da beleza e outros contos. São Paulo, Paulinas, 2006.

_____. **Contos da lua e da beleza perdida**. São Paulo, Paulinas, 2008.

TANAKA, Beatrice. **No país do saci**: contos afro-brasileiros. São Paulo, Companhia Editora Nacional, 2006.

TATAR, Maria (edição, introdução e notas). **Contos de fadas**: edição comentada e ilustrada. Trad. Maria Luiza X. de A. Borges. Rio de Janeiro, Jorge Zahar Editor, 2004.

TRANCOSO, Gonçalo Fernandes. **Contos e histórias de proveito e exemplo**. Lisboa, Imprensa Nacional-Casa da Moeda, 1974.

TAHAN, Malba. **Maktub**. (13ª ed.) Rio de Janeiro: Record, 1990.

_____. **O gato do cheique e outras lendas**. Rio de Janeiro, Ediouro, 1997.

URBIM, Carlos. **O negrinho do pastoreio e outras lendas gaúchas**. Porto Alegre, RBS Publicações, 2004.

URIBE, Verônica (ed.). **Contos de assombração**. São Paulo, Ática, Co-edição Latino-americana, 1988.

VALE, Fernando. **Contos tradicionais dos países lusófonos**. Lisboa, Instituto Piaget, 2001.

_____. **Histórias portuguesas e angolanas para as crianças**. Lisboa, Instituto Piaget, 2004.

_____. **Histórias portuguesas e cabo-verdianas para as crianças**. Lisboa, Instituto Piaget, 2004.

_____. **Histórias portuguesas e moçambicanas para as crianças**. Lisboa, Instituto Piaget, 2004.

_____. **Histórias portuguesas e guineenses para as crianças**. Lisboa, Instituto Piaget, 2004.

_____. **Histórias portuguesas e são-tomenses para as crianças**. Lisboa, Instituto Piaget, 2005

VIEIRA, Alice. **Contos e lendas de Macau**. São Paulo, SM, 2006.

WIERZCHOWSKI, Letícia; KLACEWICZ, Anna. **O dragão de Wawel e outras lendas polonesas**. Rio de Janeiro, Record, 2005.

YANYI, Zhao (sel.). **O tocador da flauta celestial e outros contos** (contos populares chineses, v.1). São Paulo, Landy, 2000.

_____. **Contos populares chineses** (2º vol). São Paulo, Landy, 2001.

ZEMAN, Ludmila. Coleção **A epopeia de Gilgamesh** (3 volumes). Porto Alegre, Projeto, 1996.

# Referências bibliográficas

# Bibliografia de apoio teórico e prático


ABAD, Ernesto Rodríguez; BERENGUER, Maryta. **Sin colorín colorado:** manual práctico para aprender a contar y a jugar con los cuentos. Bahía Blanca (Argentina), Editorial Master, 2005.

ABRAMOVICH, Fanny. **Literatura infantil:** gostosuras e bobices. São Paulo: Scipione, 1993.

_____. **Quem educa quem**? São Paulo: Summus, 1985.

AGUIAR, Vera Teixeira de (Coord.). **Era uma vez... na escola**. Belo Horizonte: Formato Editorial, 2001.

AYALA, Marcos et al. **Cultura popular no Brasil**. São Paulo: Perspectiva, 1995.

BAJARD, Élie. **Ler e dizer:** compreensão e comunicação do texto escrito. São Paulo: Cortez, 1994.

BAKER, Augusta; GREENE, Ellin. **Storytelling: art & technique**. New York: R. R. Bowker Company, 1977.

BARBA, Eugenio. **Além das ilhas flutuantes**. Campinas: Hucitec, 1991.

BARBOSA, Reni Tiago Pinheiro. **Pontos para tecer um conto**. Belo Horizonte: Lê, 1997.

BARCELLOS, Gládis Maria Ferrão; NEVES, Iara Conceição Bitencourt. **A hora do conto:** da fantasia ao prazer de ler. Porto Alegre: Sagra-DC Luzzatto, 1995.

BARTHES, Roland. **O prazer do texto**. São Paulo: Perspectiva, 1987.

BENJAMIN, Walter. **O narrador**. Rio de Janeiro: Abril Cultural, 1982. Coleção Os Pensadores.

BERND, Zilá; MIGOZZI, Jacques (Org.). **Fronteiras do literário:** literatura oral e popular Brasil/França. Porto Alegre: Editora da Universidade/UFRGS, 1995.

BETTELHEIM, Bruno. **A psicanálise dos contos de fadas**. Rio de Janeiro: Paz e Terra, 1980.

BOVO, Ana Maria. **Narrar, ofício trémulo:** conversaciones con Jorge Dubatti. Buenos Aires: Editorial Atuel, 2002.

BROOK, Peter. **A porta aberta:** reflexões sobre a interpretação e o teatro. Rio de Janeiro, Civilização Brasileira, 1999.

BRYANT, Sara Cone. **El arte de contar cuentos**. Barcelona, Biblària, 1995.

BRUHNS, Heloisa T. **Conversando sobre o corpo**. Campinas: Papirus, 1994.

BURNIER, Luís Otávio. **A arte de ator:** da técnica à representação. Campinas: UNICAMP, 2001.

BUSATTO, Cléo. **Contar & encantar:** pequenos segredos da narrativa. Petrópolis: Vozes, 2003.

_____. **A arte de contar histórias no século XXI:** tradição e ciberespaço. Petrópolis, Vozes, 2006.

CALVINO, Italo. **Seis propostas para o próximo milênio**. São Paulo: Cia. das Letras, 1990.

CASTRONOVO, Adela; MARTIGNONI, Alicia. **Caminos hacia El libro:** narración y lectura de cuentos. Buenos Aires: Ediciones Colihue, 1994.

CHAVES, Otília. **A arte de contar histórias**. Rio de Janeiro: Confederação Evangélica do Brasil, 1952.

COELHO, Betty. **Contar histórias, uma arte sem idade**. São Paulo: Ática, 1986.

COELHO, Nelly Novaes. **O conto de fadas**. São Paulo: Ática, 1987.

_____. **Panorama histórico da literatura infantil-juvenil**. São Paulo: Ática, 1991.

_____. **Literatura infantil: teoria, análise, didática**. São Paulo: Ática, 1991.

COLOMER, Teresa. **A formação do leitor literário:** narrativa infantil e juvenil atual. Tradução: Laura Sandroni. São Paulo: Global, 2003.

_____. **Cuenteros y cuentacuentos:** de lo espontáneo a lo profesional. vol 2. Compendio del 5º al 9º Encuentro Internacional de Narración Oral. Buenos Aires, Fundación El Libro/Asociación de Literatura Infantil-Juvenil Argentina/Istituto SUMMA-Fundacion Salottiana, s.d.

DAVIS, Flora. **A comunicação não-verbal**. São Paulo: Summus, 1979.

DEPARTAMENTO DE LITERATURA Y NARRACIONES INFANTILES. **Teoría y técnica del arte de narrar IV**. Habana: Biblioteca Nacional José Martí, Consejo Nacional de Cultura, 1968.

ECO, Umberto; BONAZZI, Marisa. **Mentiras que parecem verdades**. São Paulo: Summus editorial, 1980.

ESTÉS, Clarissa Pinkola. **O dom da história:** uma fábula sobre o que é suficiente. Rio de Janeiro: Rocco, 1998.

FERNANDES, Frederico Augusto Garcia (org.) **Oralidade e literatura:** manifestações e abordagens no Brasil. Londrina, Eduel, 2003.

FERRACINI, Renato. **A arte de não interpretar como poesia corpórea do ator.** Campinas-SP, Editora da UNICAMP, 2003.

FRANK, Thaisa; WALL, Dorothy. **Cultiva tu talento literario**. Barcelona: Urano, 1997.

GANCHO, Cândida Vilares. **Como analisar narrativas**. São Paulo: Ática, 1995.

GIRARDELLO, Gilka (Org.). **Baús e chaves da narração de histórias**. Florianópolis: SESC-SC, 2004.

GOMBRICH, Ernst H. **A história da arte**. São Paulo, LTC Editora, 2000.

GONÇALVES FILHO, Antenor Antônio. **Educação e literatura**. Rio de Janeiro: DP&A, 2000.

GREINER, Christine; BIÃO, Armindo (Org.). **Etnocenologia:** textos selecionados. São Paulo: Annablume, 1999.

GUIRAUD, Pierre. **A linguagem do corpo**. São Paulo: Ática, 1991. Série Fundamentos.

HAMBURGER, Kate. **A lógica da criação literária**. São Paulo: Perspectiva, 1975.

HELD, Jacqueline. **O imaginário no poder**. São Paulo: Summus editorial, 1980.

_____. **Horizontes antropológicos:** cultura oral e narrativas. Porto Alegre, ano 5, n. 12, dezembro de 1999.

JEAN, Georges. **Los senderos de la imaginación infantil**. México: Fondo de Cultura Económica, 1990.

JOLLES, André. **Formas simples**. São Paulo: Cultrix, 1976.

LIMA, Francisco Assis de Sousa. **Conto popular e comunidade narrativa**. Rio de Janeiro: Funarte/Instituto Nacional do Folclore, 1985.

LIMA, Rossini Tavares de. **Abecê de folclore**. 7. ed. São Paulo: Martins Fontes, 2003.

_____. **A ciência do folclore**. 2. ed. São Paulo: Martins Fontes, 2003.

LINK, Daniel. **Como se lê e outras intervenções críticas**. Chapecó: Argos, 2002.

MACHADO, Ana Maria. **Contracorrente:** conversas sobre leitura e política. São Paulo: Ática, 1999.

_____. **Texturas:** sobre leituras e escritos. Rio de Janeiro: Nova Fronteira, 2001.

_____. **Como e por que ler os clássicos universais desde cedo**. Rio de Janeiro: Objetiva, 2002.

MACHADO, Irene A. **Literatura e redação:** os gêneros literários e a tradição oral. São Paulo: Scipione, 1994.

MACHADO, Regina. **Acordais:** fundamentos teórico-poéticos da arte de contar histórias. São Paulo: DCL, 2004.

MANGUEL, Alberto. **Uma história da leitura**. São Paulo: Companhia das Letras, 1997.

MARQUEZ, Martha Mendes (Coord.). **Da arte de contar histórias**. Caderno de informação e arte Palavra Imagem. n. 4. Belo Horizonte: Secretaria de Estado da Educação, 1996.

MARTÍN-BARBERO, Jesús. **Dos meios às mediações:** comunicação, cultura e hegemonia. Tradução: Ronald Polito e Sérgio Alcides. 2. ed. Rio de Janeiro: UFRJ, 2003.

MATO, Daniel. **Como contar cuentos**. Caracas: Monte Avila Latinoamericana, 1991.

_____. **El arte de narrar y la noción de la literatura ora**l. Caracas: Universidad Central de Venezuela, consejo de Desarrollo Científico y Humanístico, 199?.

_____. **Narradores en acción:** problemas epistemologicos, consideraciones teoricas y observaciones de campo en Venezuela. Caracas: Biblioteca de la Academia Nacional de la Historia, 1992.

_____ Mnemósyne. **Revista del Festival Internacional del Cuento**. Los Silos. n. 2. Diciembre, 1999.

_____. n. 3. Diciembre, 2000.

MATOS, Gislayne Avelar. **A palavra do contador de histórias**. São Paulo, Martins Fontes, 2005.

_____. SORSY, Inno. **O ofício do contador de histórias**. São Paulo, Martins Fontes, 2005.

MELLO, Nancy. **A arte de contar histórias**. Trad. de Amanda Orlando e Aulyde Soares Rodrigues. Rio de Janeiro, Rocco, 2006.

MONTES, Graciela. **La frontera indómita:** en torno a la construcción y defensa del espacio poético. México: Fondo de Cultura Económica, 1999.

MOREIRA, Inês Cardoso Martins (org). **Poesia popular:** aulas radiofônicas: Rádio MEC: 1963-1964/Thiers Martins Moreira. Rio de Janeiro, Edições Casa de Rui Barbosa, 2004.

NEVES, Luís Carlos et al. **El cuento ecológico y la narración oral**. Caracas: [s. n.] 1989.

NOVELLY, Maria C. **Jogos teatrais:** exercícios para grupos e sala de aula. São Paulo: Papirus, 1996.

ONG, Walter. **Oralidade e cultura escrita**. Campinas: Papirus, 1998.

_____. **Oralidade e cultura escrita:** a tecnologização da palavra. Tradução: Enid Abreu Dobránszky. São Paulo: Papirus, 1998.

ORTIZ, Estrella. **Contar con los cuentos**. Ciudad Real/España: Ñaque Editora, 2002.

OYENARD, Sylvia Puentes de. **El cuento y los cuentacuentos**. Uruguay: Asociación Uruguaya de Literatura Infantil-Juvenil, 1987.

PADOVANI, Ana. **Contar cuentos:** desde la práctica hacia la teoría. Buenos Aires: Editorial Paidós, 1999.

PAMPILLO, Gloria et al. **Permítame contarle una historia:** narración y identidad. Buenos Aires: Eudeba, 2001.

PATRINI, Maria de Lourdes. **A renovação do conto:** emergência de uma prática oral. São Paulo, Cortez, 2005.

PENNAC, Daniel. **Como um romance**. Rio de Janeiro: Rocco, 1993.

PERROTTI, Edmir. **O texto sedutor na literatura infantil**. São Paulo: Ícone, 1986.

PRIETO, Heloisa. **Quer ouvir uma história?** São Paulo: Angra, 1999.

PROPP, Vladimir. **As raízes históricas do conto maravilhoso**. São Paulo: Martins Fontes, 1997.

_____. **Morfologia do conto maravilhoso**. Rio de Janeiro: Forense Universitária, 1984.

PUJADE-RENAUD, Claude. **Linguagem do silêncio:** expressão corporal. 2. ed. São Paulo: Summus, 1990.

QUINTEIRO, Eudosia Acuña. **Estética da voz:** uma voz para o ator. São Paulo: Summus, 1989.

REVERBEL, Olga. **O texto no palco**. Porto Alegre: Kuarup, 1993.

RIBEIRO, Jonas. **Ouvidos dourados:** a arte de ouvir as histórias – para depois contá-las. São Paulo: Ave-Maria, 2001.

RODARI, Gianni. **Gramática da fantasia**. São Paulo: Summus, 1982.

RYNGAERT, Jean-Pierre. **Introdução à análise do teatro**. São Paulo: Martins Fontes, 1995.

SASTRÍAS, Martha (Coord.). **Guía para promotores de lectura. México:** Instituto Nacional de Bellas Artes, 1990.

SHEDLOCK, Marie L. **El arte de contar cuentos**. Málaga: Editorial Sirio, 2001.

SIMONSEN, Michèle. **O conto popular**. São Paulo: Martins Fontes, 1987.

SISTO, Celso. **Textos e pretextos sobre a arte de contar histórias**. 1. ed. Chapecó: Argos, 2001.

STANISLAVSKI, Constantin. **A preparação do ator**. Rio de Janeiro: Civilização Brasileira, 1984.

_____. **A construção da personagem**. Rio de Janeiro, Civilização Brasileira, 1983.

_____. **A criação de um papel**. Rio de Janeiro, Civilização Brasileira, 1984.

TAHAN, Malba. **A arte de ler e de contar histórias**. Rio de Janeiro: Conquista, 1957.

VERGARA, Gloria. **Palabra en movimiento:** principios teóricos para la narrativa oral. México, Editorial Práxis, 2004.

VOGLER, Christopher. **A jornada do escritor:** estruturas míticas para contadores de histórias e roteiristas. Rio de Janeiro: Ampersand, 1997.

WARNER, Marina. **Da fera à loira:** sobre contos de fadas e seus narradores. São Paulo: Companhia das Letras, 1999.

YUNES, Eliana (Org.). **Pensar a leitura:** complexidade. Rio de Janeiro: PUCRJ/PUCSP/Loyola, 2002.

ZILBERMAN, Regina. **A literatura infantil na escola**. 10. ed. São Paulo: Global, 1998.

ZUMTHOR, Paul. **Performance, recepção e leitura**. São Paulo: Educ, 2000.

_____. **Introdução à poesia oral**. Tradução: Jerusa Pires Ferreira, Maria Lúcia Diniz Pochat e Maria Inês de Almeida. São Paulo: Hucitec, 1997.

# Relação de livros do autor

**Títulos já publicados por CELSO SISTO:**

- **Ver-de-ver-meu-pai** - Ilustrações de Roger Mello. Rio de Janeiro: Nova Fronteira, 1994. 24p.
- **Assim é fogo!** - Ilustrações de Ivan Zigg. Rio de Janeiro: Nova Fronteira, 1995. 32p.
- **Beijo de sol** - Ilustrações de Marilda Castanha. Rio de Janeiro: Ediouro, 1995. 16p.
- **Mas eu não sou lobisomem!** - Ilustrações de Denise Rochael. Belo Horizonte: Lê, 1996. 24p.
- **O dono da voz** - Ilustrações de Mariana Massarani. Belo Horizonte: Dimensão, 1997. 24p.
- **O encantador de serpentes** - Ilustrações de Nelson Cruz. Belo Horizonte: Dimensão, 1997. 32p.
- **Porque na casa não tinha chão** - Ilustrações de Lula. Belo Horizonte: Dimensão, 1997. 24p.
- **O pequeno cantador** - Ilustrações de Roger Mello. Belo Horizonte: Dimensão, 1997. 32p.
- **Quase que nem em flor** - Ilustrações de Graça Lima. Belo Horizonte: Dimensão, 1997. 32p.
- **Enquanto eles dormem** - Ilustrações de Graça Lima. Belo Horizonte: Dimensão, 1997. 32p.
- **Amor meu grande amor** - Ilustrações de Marcelo Martins e Teresa Cristina Amiran. Curitiba: Módulo, 1998. 32p.
- **Anjo de papel** - Ilustrações de Graça Lima. Curitiba: Módulo, 1998. 24p.

- **Francisco Gabiroba Tabajara Tupã** - Ilustrações do autor. Rio de Janeiro: EDC, 1999. 24 p.
- **A noiva do diabo** - Ilustrações do autor. Chapecó-SC: Grifos, 2000. 24p.
- **Vó que faz poema** - Ilustrações do autor. Belo Horizonte: Santa Clara, 2000. 28p.
- **Textos e pretextos sobre a arte de contar histórias** - Chapecó-SC: Argos, 2001. 138p.
- **Ora, pitombas!** - Ilustrações do autor. Porto Alegre: WS, 2005. 80 p.
- **Textos e pretextos sobre a arte de contar histórias** - (2ª edição revista e ampliada). Curitiba: Positivo, 2005. 144 p.
- **Emburrado!** - Ilustrações de Suppa. São Paulo: Paulus, 2005. 32p.
- **O cocô do cavalo do bandido** - Ilustrações de André Neves. Porto Alegre: WS, 2005. 184p.
- **Eles que não se amavam** - Ilustrações de André Neves. Rio de Janeiro: Nova Fronteira, 2005. 32 p.
- **Angelina** - Ilustrações do autor. São Paulo: Larousse do Brasil, 2006. 32 p.
- **Ururau, praga e pica-pau** - Ilustrações de Graça Lima. São Paulo: Scipione, 2006. 48 p.
- **Lebre que é lebre não mia** - Ilustrações do autor. São Paulo: Larousse, 2007. 40 p.

- **Mundaréu** - Ilustrações de Rosinha Campos. São Paulo: Paulus, 2007. 32 p.
- **Mãe África: mitos, lendas, fábulas e contos** - Ilustrações do autor. São Paulo: Paulus, 2007. 144 p.
- **Cavaleiro andante** - (livro de imagem) Ilustrações do autor. São Paulo: Paulus, 2007. 32p.
- **Histórias das terras daqui e de lá**: humor. - Em parceria com Liliana Cinetto. Ilustrações de Andréia Resende. Rio, Zeus, 2007. 32 p.
- **Cruz-credo!** - Ilustrações do autor. São Paulo: Larousse, 2008. 64p.
- **O vestido** - Ilustrações de Thaís Linhares. Rio de Janeiro: Zit, 2009. 32p.
- **O casamento da princesa** - Ilustrações de Simone Matias. São Paulo: Prumo, 2009. 32p.
- **Rebeca e sua rabeca** - Ilustrações de Cristina Biazetto. São Paulo: Salesiana, 2009. 24p.
- **Tininha Cereja** - Ilustrações de Ana Terra. São Paulo: Paulinas, 2009. 24p.
- **O cheiro da lembrança** - Ilustrações de João Lin. São Paulo: Prumo, 2009. 40p.
- **Abraço apertado** - Ilustrações de Elisabeth Teixeira. Curitiba: Positivo, 2009. 24p.
- **Como posso te amar?** - Ilustrações de Simone Matias. Curitiba: Positivo, 2009. 24p.
- **Chá das dez** - Ilustrações de Duke. Belo Horizonte: Aletria, 2009. 28p.
- **O maior nabo do mundo** - Ilustrações de Marcos Garuti. Belo Horizonte: Aletria, 2009. 32p.

- **Pedro, meu bom Pedro** - Ilustrações Fernando Vilela. São Paulo: Prumo, 2009. 88p.
- **Francisco Gabiroba Tabajara Tupã** - (nova edição) Ilustrações do autor. Belo Horizonte: Aletria, 2009. 24p.
- **Que alegria!** - Ilustrações Alexandre Rampazo. São Paulo: Paulinas, 2010. 48p.
- **Diáfana** - Ilustrações de Rebeca Luciani. São Paulo: Scipione, 2010. 32p.
- **A compoteira** - Ilustrações de Bebel Callage. São Paulo: Prumo, 2011. 32p.
- **Anjo de papel** - Ilustrações de Martina Schreiner. São Paulo: Rai Editora, 2011. 24p.
- **Bicho-Papai** - Ilustrações de Marília Pirillo. São Paulo: IBEP-Companhia Editora Nacional, 2011. 16p.
- **Raio de sol, raio de lua** - Ilustrações de Maurício Negro. São Paulo: Prumo, 2011.
- **Continhos suspirados com poesia, para depois das cinco** - Ilustrações de Luís Maia. São Paulo: Paulinas, 2011. 64p.
- **Vozes da floresta** - Ilustrações de Mateus Rios. São Paulo: Cortez, 2011. 60p.
- **Flor das alturas** - Ilustrações de Martina Schreiner. Rio de Janeiro: Zit, 2011.36p.
- **O gato Rupertal** - Ilustrações de Martina Schreiner. São Paulo: Rai Editora, 2011. 24p.
- **O rei das pequenas coisas** - São Paulo: Planeta, 2011. 64p.
- **A horta da Ethel** - Ilustrações de Sandra Ronca. São Paulo: Fundação Dorina Nowill para Cegos, 2011. 40p.

# Participação do autor em livros teóricos

"Contar histórias na sala de aula: diálogo entre razão e emoção" (artigo escrito com a colaboração da professora Maria Tereza Amodeo). In: FREITAS, Ana Lúcia Souza de; GRILLO, Marlene Correro et alli (orgs.). **Capacitação docente:** um movimento que se faz compromisso. Porto Alegre: EDIPUCRS, 2010.

- O livro é o resultado do curso de capacitação docente que a PUCRS ofereceu a seus professores e reúne as produções dos palestrantes e os textos teóricos que fundamentaram as oficinas e os minicursos do Seminário Capacitação Docente de 2009/1 e do Programa Qualidade na Gestão da Aula Universitária. Fazem parte das abordagens, de uma forma geral, a preocupação com a qualidade da educação, a formação continuada dos professores, bem como a formação dos alunos, de modo permanente e como razão de ser da Universidade.

"O misterioso momento: a história do ponto de vista de quem ouve (e também vê)" (artigo). In: GIRARDELO, Gilka (org.). **Baús e chaves da narração de histórias**. Florianópolis: SESC-SC, 2004.

- O livro é uma coletânea de artigos, organizado pela contadora de histórias Gilka Girardelo, para o SESC de Santa Catarina, como parte do projeto Baú de Histórias, de formação de contadores de histórias e espetáculos de narração oral. Participam do livro vários profissionais colaboradores desse processo de formação, capitaneado pelo Sesc.

"Um pouco de tudo: os materiais, as texturas, o impacto" (artigo). In: GÓES, Lúcia Pimentel; ALENCAR, Jakson de. **A alma da imagem:** a ilustração nos livros para crianças e jovens na palavra de seus criadores. São Paulo: Paulus, 2009.

- O livro é uma coleção de ensaios sobre ilustração de livros para crianças e jovens. Nesta obra, oito artistas (Ângela Lago, Cláudio Martins, Rogério Coelho, Alice Góes, Osney, Graça Lima, Celso Sisto e Luiz Maia) falam de seu olhar criador. A expressão visual, tema extremamente complexo, terá na explicitação das metáforas desses artistas um celeiro rico, convidando à seleção, experimentação, meditação. A antologia conta também com um texto de um editor de literatura para crianças e jovens, expondo sua visão sobre as imagens nos livros que edita, e de uma professora que desenvolve um excelente trabalho de leitura de imagem e formação de leitores na escola em que trabalha. Em seu artigo, Celso Sisto reflete sobre sua produção como ilustrador e comenta seu processo criativo, bem como as ilustrações que produziu para diversos livros.

"Contar histórias, uma arte maior" (artigo). In: MEDEIROS, Fábio Henrique Nunes; MORAES, Taiza Mara Rauen (orgs.). **Memorial do Proler**: Joinville e resumos do Seminário de Estudos da Linguagem. Joinville: UNIVILLE, 2007.

- Como o título diz, neste livro está documentada a História do Programa Nacional de Incentivo a Leitura (Proler), através da memória das ações e encontros realizados em Joinville, Santa Catarina.

"A pretexto de se escrever, publicar e ler bons textos" (artigo). In: OLIVEIRA, Ieda (org.). **O que é qualidade em literatura infantil e juvenil?:** com a palavra, o escritor. São Paulo: DCL, 2005.

- Neste livro, vários escritores refletem sobre "o que é qualidade em literatura infantil e juvenil". Os artigos e depoimentos podem contribuir para elucidar várias questões, tão frequentes nas dúvidas e questionamentos de professores e estudiosos do assunto. O livro reúne consagrados escritores da literatura infantil e juvenil brasileira e portuguesa, preocupados, especialmente, com o valor estético de uma obra literária para crianças e jovens. Os artigos do livro são de Anna Cláudia Ramos, Bartolomeu Campos de Queirós, Carlos Augusto Nazareth, Celso Sisto, Flávio Carneiro, Gustavo Bernardo, Ieda de Oliveira (a organizadora do livro), Leo Cunha, Luiz Antonio Aguiar e Ricardo Azevedo. Os depoimentos ficaram a cargo de: Ana Maria Machado, Alice Vieira, Lygia Bojunga, Marina Colasanti, Pedro Bandeira, Rogério Andrade Barbosa, Rosa Amanda Strausz e Tatiana Belinky.

"A literatura frequenta a escola... Mas quem conta as histórias?" (artigo). In: PAROLIN, Isabel (org.). **Sou Professor!**: a formação do professor formador. Ilustrações de Dagoberto Ismar Pereira Júnior. Curitiba: 2009.

- Esta é uma obra escrita por professores para ser lida e submetida à reflexão dos professores. É o relato de uma experiência que foi pensada, vivida, avaliada e, agora, compartilhada nas páginas deste livro. O livro é uma largada, uma ideia, um auxílio para mais um passo em direção a uma prática educativa ainda melhor. Mas, ainda que as experiências reunidas aqui sejam muito importantes para a reflexão, o que o livro quer, de fato, é que quem está no dia a dia da sala de aula, possa fazer os processos de ensinar e de aprender acontecerem de verdade. No seu artigo, Celso Sisto reflete sobre a importância do contar histórias na sala de aula e conclama os professores a investirem em sua própria bagagem de leitura e em suas qualificações como contadores de histórias, para, de fato, fazerem a diferença na formação dos jovens leitores.

"O contador de histórias e sua jornada na dobra do tempo" (artigo). In: RÖSING, Tania Mariza Kuchenberger; RETTENMAIER, Miguel (orgs.). **30 anos de jornadas literárias:** estudos: edição comemorativa. Passo Fundo: Editora Universidade de Passo Fundo, 2011.

- O livro é uma edição comemorativa dos 30 anos da Jornada Nacional de Literatura de Passo Fundo. A obra abrange vários nichos temáticos historicamente caros à Jornada, como a literatura, a leitura, a formação de leitores, os diferentes modos de contar histórias e a promoção de iniciativas para movimentação cultural. Este volume, que beira as 200 páginas, traz textos teóricos de autores convidados e traduz em papel um pouco da riqueza da produção acadêmica potencializada por encontros e debates como as Jornadas.

"Caminhos da narração oral: uma jornada para a vida inteira" (artigo). In: SISTO, Celso (org.) **A história fora do papel:** a oralidade e o espetáculo. Passo Fundo: Editora Universidade de Passo Fundo, 2010.

- O livro é uma reunião de artigos escritos por profissionais de destaque na área da narração oral, convidados da 13ª Jornada Nacional de Literatura de Passo Fundo, para o

Seminário Internacional de Contadores de Histórias, que, em sua primeira edição, se propôs a refletir sobre o texto escrito na narração oral, enfatizando a questão do estilo e da autoria. Os artigos estão construídos em torno de três eixos principais: os caminhos e os limites do texto escrito em sua vertente oral; a performance cênica requisitada pelo texto na oralidade; e, por fim, a narração oral e a utilização de recursos cênicos, como bonecos, objetos, adereços, etc. As abordagens dão uma ideia bastante acurada dessa linguagem artística, ao mesmo tempo tão atual e tão tributária da tradição oral.



"O menino marrom" (verbete). In: SOUZA, Lícia Soares de (org.). **Dicionário de personagens afro-brasileiros**. Salvador: Editora da UNEB, 2009.



- A obra resulta da pesquisa constante em literatura brasileira e tem a participação de inúmeros profissionais da área, convidados a produzirem seus verbetes. Sem descuidar da formação histórica do país e amparada pela necessidade mostrada na lei 10.639/03, o projeto do Dicionário de Personagens Afro-brasileiros põe em cena as principais figuras literárias, nos séculos XX e XXI, na prosa narrativa, sobretudo, mas também em algumas obras poéticas e musicais e em contos populares e infantis. Por trás de cada texto produzido ressalta o objetivo comum: apontar para uma riqueza cultural e patrimonial, que cria uma diversidade mestiça, destinada a estampar a originalidade deste país.

# Posfácio

Os textos que compõem este livro surgiram, primeiramente, como artigos publicados em jornais, anais de seminários, palestras proferidas em congressos e materiais para serem utilizados, pelo autor, em oficinas.

Por isso mesmo, ideias e conceitos fundamentais ao assunto são repetidos em mais de um texto, às vezes com a mesma redação, às vezes com enfoque diferente. Quando a repetição era grande, optava por remeter o leitor às páginas em que o texto já havia sido mencionado.

Devido à escassa bibliografia sobre o assunto – e por insistência dos alunos que frequentaram as muitas oficinas –, resolvi reunir aqui, neste livro, artigos que, em hipótese alguma, têm a pretensão de esgotar o tema.

Espero, desse modo, contribuir para a reflexão e o debate das pessoas interessadas na arte de contar histórias.

Espero, inclusive, fomentar com esta publicação o aparecimento de outras publicações sobre o assunto, para ampliá-lo, ou mesmo estabelecer com esta publicação um diálogo profícuo.

De todo modo, as ideias e as experiências contidas nesses textos são resultados de uma vivência de mais de 20 anos como contador de histórias do grupo Morandubetá, do qual também fazem parte Benita Prieto, Eliana Yunes e Lúcia Fidalgo, parceiras que sempre contribuíram decisivamente para o exercício aguçado do nobre ofício de contar.

*O autor*

**Ilustrações de Gustave Doré**

*Fonte: Wikimedia Commons - Domínio público*

Página 8: Orlando Furioso

Página 14: Les Contes de ma Mère l'Oye

Página 21: Baron Munchausen

Página 77: Little Red Riding Hood

Página 99: Don Quixote

Página 139: Puss in boots

Página 157: La Belle au Bois Dormant

Página 163: Barbe Bleue

Página 183: King Solomon in Old Age

Página 206: Idylls of the King